선생님만 아는 초1 교실 이야기

엄마, 학교 다녀오겠습니다

김도용 지음

생능출판

선생님만 아는 초1 교실 이야기

엄마, 학교 다녀오겠습니다

초판 인쇄 2021년 2월 1일
초판 발행 2021년 2월 15일

지은이 | 김도용
펴낸이 | 김승기
펴낸곳 | ㈜생능출판사 / **주소** 경기도 파주시 광인사길 143
등록일 | 2005년 1월 21일 / **신고번호** 제406-2005-000002호
대표전화 | (031) 955-0761 / **팩스** (031) 955-0768
홈페이지 | www.booksr.co.kr

책임편집 | 유제훈 / **편집** 신성민, 양둥글, 권소정 / **디자인** 유준범
마케팅 | 최복락, 심수경, 차종필, 백수정, 최태웅, 명하나, 김범용
인쇄 · 제본 | 성광인쇄㈜

ISBN 978-89-7050-478-0 03810
값 13,000원

2월(들어가며)

"학교 다녀오겠습니다"

4교시를 마치고 아이들이 돌아간 교실에서 운동장을 봅니다.
마스크만 썼을 뿐인데 모든 행동이 조심스럽습니다.
친구와 대화를 나누는 소리도 들리지 않고 신발주머니를 흔들며 왁자하게 뛰어가는 아이들도 눈에 띄지 않습니다. 운동장에서 공을 차는 아이들도 물론 없습니다. 사물함을 쓸 수 없어 교과서를 잔뜩 넣은 가방만큼 집으로 돌아가는 아이들의 모습은 무거운 침묵 그 자체입니다.
그 모습을 바라보다 1년 전 1학년 아이들과 함께한 시간이 담긴 원고를 꺼내 봅니다.
그것은 너무 빨리 익숙해진 지금의 상황에서 우리가 알고 있던 학교를 기억하고 싶은 마음입니다.
혼자만의 기록으로 두었으나 이 원고를 세상에 내놓는 것은 바로 이런 이유에서입니다.

1학년이 학교에 적응하는 기간을 보통 여름방학이 시작되는 96일째라고 봅니다.
그동안 1학년은 시작종이 치면 교실에 들어오기, 차례 기다리기, 친구와 대화하기, 선생님 말씀 잘 듣기, 자기 물건 정리하기, 화장실 사용하기와 같은 것들을 배웁니다. 작지만 중요한, 어쩌면 우리 삶의 시작이며 전부일지도 모르는 일들이지요.

기상 시간을 5분 앞당기는 것 같은 일상의 궤도에서 벗어난 사소한 변화에도 우리는 많은 스트레스를 받습니다. 하지만 작년부터 코로나 확산이 가져온 변화는 실로 엄청납니다. 아침 식사를 하고 현관을 나서기 전 마스크를 챙기는 것부터 길에서 만난 친구와 안부 인사를 나누거나 주말에 무엇을 할지에 이르기까지 거의 모든 것이라고 할 만큼 우리 일상의 많은 것이 바뀌었습니다. 그리고 우리는 아직 그 시간의 끝이 어디인지 알 수 없습니다.

우리의 시간은 지금도 이어집니다. 아침에 눈을 떠서 나와 가족을 위해 각자의 일터로 가고, 이웃을 걱정하면서 뉴스를 보고, 곧 다른 날이 오기를 바라며 기약 없는 약속을 하고, 나 자신과 친구들을 다독입니다. 그렇게 우리는 코로나 상황에 적응해 가고 있지만, 왠지 모를 공허함이 듭니다. 전화로만 묻는 안부, 같은 공간에서 만나는 사람들에 대한 경계, 그리고 학교가 일상적으로 운영되지 않는 그런 것들은 여전히 우리를 낯설게 합니다.

많은 것이 불안해진 시기에 어른들은 아이들이 어떻게 공부하고 생활할지에 대한 걱정을 하십니다. 교육이 뭐냐는 질문에 사람들은 손을 잡고 끌어주기, 함께 가기, 만나서 어울리기 같은 대답을 합니다. 그리고 그것은 1학년 수업의 본질이기도 합니다. 하지만 지금은 친구와 손잡기, 안아주기, 운동장에서 뛰어놀기와 같은 너무나 당연한 것들이 불가능합니다. 이런 상황에서 교육은 어떻게 이루어지는 것일까요?

여기서 조심스럽게 제가 들여다본 아이들의 모습을 풀어내 봅니다. 아이들은 모든 것이 완벽하게 갖춰지지 않아도 성장합니다. 관찰하고 따라 하거나 나누면서 자랍니다. 우리가 할 일은 아이들을 믿고 *어린 나무의 눈을 털어주는 것뿐입니다.

시간이 지나면 학교는 다시 일상적으로 운영되고, 우리는 곧 만날 것입니다. 그때까지 저의 글이 아이들의 이야기가 보통의 학교를 기억하는 작은 위안이 되었으면 좋겠습니다.
"학교 다녀오겠습니다."라는 인사가 매일 들리던 그때를 기억하는 시간이 되었으면 하는 작은 바람입니다.

2021년 겨울

저자 드림

*어린 나무의 눈을 털어주다

울라브 하우게

눈이 내린다
내가 할 수 있는 것이 없다
춤추며 내리는 눈송이에
서투른 창이라도 겨눌 것인가
아니면 어린 나무를 감싸 안고
내가 눈을 맞을 것인가

저녁 정원을
막대를 들고 다닌다
도우려고,
그저
막대로 두드려주거나
가지 끝을 당겨준다.
(후략)

울라브 하우게(Olav H. Hauge, 1908~1994) : 평생 정원사로 일하며 독학으로 익힌 언어로 시를 썼던 노르웨이의 시인

차 례

3월 March 인사하기

4월 April 친구 얘기 들어주기

5월 May 진심으로 맞장구치기

6월 June 나의 이야기 시작하기

엄마, 학교
다녀오겠습니다

3월 March

인사하기

1일 차 **1학년의 시작**

입학 첫날 강당에서 학부모와 학생을 맞는다. 먼저 온 순서대로 앞에서부터 남학생과 여학생을 앉힌다. 시간이 지나면서 듬성듬성 줄이 차는데, 그래도 우리 반 학생들이라고 더 예뻐 보인다.

한 줄로 쭉 앉은 1미터 남짓한 아이들을 보고 있노라니 많은 감정이 든다.

교사 1 : ××반 선생님도 이쪽으로 와서 애들 옆에 서세요.

교사 2 : 얘들아, 여기 보고 웃어보자! 선생님도 웃으세요.

사진 찍어주시는 분이 뭐라고 하셨는지 사실 기억이 나지 않는다.

1학년의 이해 능력이 기대했던 것보다 훨씬 뛰어나다. 교실로 가려고 남자 1줄 여자 1줄로 따라오라 했더니 너무나 당연하게 따라온다. 집에서 예습이라도 하고 온 것일까?

모방 학습 능력이 뛰어나다.

나 : 우리 학교에서는 "효도하겠습니다."라고 인사하는 거예요.

학생들 : 효도하겠습니다.

...왜 이렇게 잘하지?

방송조회의 마지막에 나오는 애국가가 나오기 전에 물어봤다.

나 : 애국가 부를 줄 알아요?

학생들 : 네! / 네…. / ….

자신 있게 대답하는 학생도 있고, 그냥 대답하는 학생도 있고, 배시시 웃으며 대답을 피하는 학생도 있다.

너무나 적극적인 자세에 노래 시작 전에 다음과 같이 말했다.

나 : 화면에 나오는 글자를 따라 읽어보세요.

…순간 잠시 침묵이 흘렀다고 느낀 것은 내 착각인가. 그러나 곧 글을 읽을 수 있는 학생은 여과 없이 자기 실력을 드러내고 싶어 한다.

학생 1 : 선생님, 저 이거 읽을 줄 알아요.

학생 2 : 저 이것도 읽을 줄 알아요.

학생 3 : 저도요!

학생 4 : 저도!

…알겠으니까 이제 노래를 불러주지 않으련?

학부모님들은 자신의 아이들이 약하다고 생각한다. 학부모님들의 주요 고민 사항은 다음과 같다.

학부모님 1 : 우리 애는 잘 울어요.

학부모님 2 : (학교생활을) 못 따라가면 어쩌죠?

학부모님 3 : 밥을 남길 것 같아요.

학부모님 4 : 차근차근 말해주세요.

…저도 그게 고민입니다만….

학부모님들이 돌아가시고 4교시를 시작하려는 데 학생 하나가 손을 번쩍 든다. 말해보라 했더니 배시시 웃으며 입을 뗀다.

학생 : 용신(가명)이랑 앉으면 안 돼요?

순간 당황했지만, 이미 이 질문은 기출 분석을 끝내고 연습까지 완료한 질문이다.

나 : 왜 앉고 싶은지 말해줄래요?

학생 : 아니에허(아니에요).

나름 효과적인 방법을 찾은 것 같다. 내일 따로 물어봐야지.

보급품을 나누어 주었다. 가위, 풀, 공책…. 알찬 구성이다. 내일 꼭 들고 오라고 말해주었다. 첫 번째 숙제이자 준비물이다.

1학년 시작입니다. 떨리고 설렙니다.

2일 차 졸업하기 싫어요

1학년은 모델을 보여주면 바로 따라 한다. “이거 왜 하는 거예요?”, “왜 그렇게 해요?”라고 물어보면 어쩌나 걱정했지만, 묻지 않고 그냥 따라 한다. 그래서 도덕사회화론[1)]이 맞는 것 같다. 행동의 이유를 궁금해하지 않으니 일단 착한 행동을 많이 알려주면 좋지 않을까?

∿∿

처음으로 다툼이 발생했다. 한 아이가 자신이 지나가려는 데 친구가 막았다고 한다. 막은 애는? 그냥 서 있었는데 비키라고 해서 기분이 나빴단다. 분쟁이 발생하면 ‘무조건 사과’를 시켜볼까 고민 중이다. 도덕사회화론의 시작이다.

∿∿

학교가 이렇게 재밌는 곳인 줄 몰랐다며, 졸업하기 싫다고 한다. 이틀 만에 무엇이 그렇게 재밌었을까? 그리고 졸업의 아쉬움은 어떻게 알고 말하는 걸까?

∿∿

경애(가명)는 오늘 세 번 울었다.
– 아까까지 복도에 보이던 엄마가 안 보인다.

---

1) 도덕교육은 목적에 따라 크게 도덕발달론과 도덕사회화론으로 나뉩니다.
- 도덕발달론 : 도덕적으로 바른 판단하는 법을 가르쳐야 해!
- 도덕사회화론 : 도덕적으로 바른 행동을 가르쳐야 해!

– 선생님이 안 보인다.
– 돌봄 교실 가기 싫다.

보급품에 자기 이름을 쓰게 했다. 글자를 모르는 학생은 자기 이름표를 보고 따라 쓰라고 했다. 글자를 선(linear)으로 인식하는지, 픽셀(pixel)로 인식하는지 궁금하다.[2)]

종 치면 쉬는 시간이라고 가르쳤더니 어떤 수업을 하고 있건 간에 "이제 쉬는 시간이에요."를 외친다. 그와 반대로 쉬는 시간에 종 치면 "수업시간이에요."는 안 한다. 못 들어서 그런가? 꾀를 부린다고 의심해봤으나 눈동자를 보면 그런 것 같지는 않은데….

사실 그 전에 쉬는 시간을 원한다는 사실이 더 놀랍다. 어차피 수업시간도 쉬는 시간처럼 보내면서….

준비물(어제 나눠준 풀, 가위, 공책을 다시 들고 오는 거지만)을 가져왔냐고 물었다. 의외로 안 가져 왔다고 말하는 아이가 꽤 있다. 특히 '공책'이 뭐냐고 되묻는 학생이 있다. 이게 '공책'이라고 했더니 그거 가지고 왔단다. 그래도 안 가져왔다는 학생에게 가서 가방을 열어보라 했는데 공책이 있었다. 뭐가 문제였을까?

---

2) 컴퓨터 모니터나 프린터는 한 땀 한 땀 점을 찍어 픽셀로 글자를 표현합니다. 그에 비해 선으로 글자를 쓰는 것은 사람에게만 주어진 일종의 특권(?)입니다.

3일 차 **모두 화장실에 가자**

용신(가명)이랑 앉고 싶다 했던 학생을 다시 따로 불러 물어보았다. 왜 앉고 싶냐고 물었더니 이번에는 대답한다.

학생 : 친하게 지내서요.

말은 짧아도 포함하고 있는 의미는 많다. 학교는 더 많은 친구와 친하게 지내는 곳이라고 말해주었다. 그 말에 설득이 된 걸까? 미소를 짓더니 돌아간다.

어제보다 할 만하다. 역시 인간은 적응의 동물이다. 아무렴, 7살을 가르치려면 7살 적응 속도에 맞춰야지.

화장실에 한 명 보내면 다 따라가려고 한다. 방광에 달린 신경을 무슨 와이파이로 공유라도 하는 걸까? 마치 애니메이션 〈주토피아〉의 햄스터를 떠올리게 한다.

그래도 배변 처리를 스스로 할 수 있다는 것이 놀랍다. 그리고 처리 후 손을 씻어야 한다는 것을 안다니 한 번 더 놀랐다. 누리교육과정 만세다. 응가송[3]도 만세다.

---

3) 유튜브에 검색하면 나오는 신나는 배변 처리법 동요입니다.

발성 연습에 임하는 자세가 6학년보다 적극적이다. 우렁찬 목소리가 마음에 든다. 그런데 슬프게도 박자 감각이 전혀 없다. 고쳐주려 했는데, 그냥 소리지르는 게 즐거운 모양이다. 흑흑.

밥을 되게 느릿느릿 맛없게 먹길래 걱정했다. 시간을 주니 천천히 다 먹더라. 그 정도면 됐지 뭐.

알림장 25장을 일일이 인쇄해서 개인 공책에 붙여주었다. 생각보다 노동량도 많고, 기다리는 학생들이 지루해서 몸을 꼬는 것이 눈에 밟힌다. 대책을 생각해 봐야겠다. 이걸 왜 선생님이 일일이 해주지라는 눈빛으로 쳐다보는 학생도 있어서 한 번 시켜볼까 싶기도 하다.

돌봄 교실 가는 아이가 울었다. 말은 안 해도 왜 우는지 느낌이 왔다. 다른 애들은 엄마가 다 데리러 오는데 혼자 학교에 남으려니 서러웠던 것 같다. 오늘 엄마한테 빨리 데리러 오라고 전화해준다고 하니 히끅히끅 하는 소리를 내며 울음을 멈춘다. 때론 복통에 빨간약[4]도 효과적인 법이다.

4) 전설의 빨간약 포비돈 요오드! 상처난데, 벌레 물린데 뿐만 아니라, 머리가 아프면 머리에 바르고, 허리가 아프면 허리에 바르고, 배가 아프면 배에 바르면 낫는다는 만병통치약!

4일 차 괜찮아?, 미안해!

신발장에 신발주머니를 넣을 때 손잡이가 안쪽으로 들어가게 해야 한다고 알려주었다. 모방 학습의 달인들은 역시나 이유는 궁금해하지 않고 잘 따라 한다. 그러고 보니 나도 동료 선생님들께 전달받을 때, 왜 그런지 이유[5]는 듣지 못했다.

학생이 화장실을 다녀온 사이에 물병이 바닥에 떨어져 깨져 있었다. 누가 그랬냐고 물으니 다들 자신은 안 했단다. 순수하게 그냥 물어본 거였는데, 발뺌을 먼저 하니 착잡하다.

자신이 잘못하지 않았더라도 친구가 나쁜 일을 겪으면 위로하는 것이 먼저라고 가르쳤다. 그러자 갑자기 대부분 아니 모든 학생이 자리에서 벌떡 일어나 물병이 깨진 친구에게 가서 "괜찮아?", "미안해!"를 말한다. 교실이 훈훈해지는데 걸리는 시간은 5초였다.

다음부터 누군가 곤란을 겪으면 우르르 달려가서 위로해주지 않을까? 배려는 습관이고 습관이 쌓이면 지능이 된다고 믿는다. 아직도

---

5) 손잡이가 밖으로 메롱하고 삐져나와 있으면 주머니 혹은 주머니의 내용물이 신발장 밖으로 쉽게 나올 수 있어서인 것 같습니다만….

"괜찮아?", "미안해!" 중이다. 근데 지금 수업시간인데….

「교가」와 「학교종」을 가르쳤다. 특히 「교가」는 우리 학교가 좋아하는 노래라고 하니까 무척 좋아한다. 계속 계속 불러서 학교를 기쁘게 해주고 싶단다. 오! 물활론적 사고[6]!

컬러링 학습지로 색칠하기를 했다. 한 학생이 이어진 여러 칸을 전부 하늘색으로 도배를 했다. 왜 그러냐고 물었더니 하늘색이 좋아서 그랬단다. 눈을 쳐다보니 피한다. 거짓말의 탄생이다.

체계적으로 발성 연습을 해보고자 한다. 일단 발성 연습하는 것은 무척 좋아하니까 하다 보면 어떻게든 되지 않을까? 더 재밌게 해보려고 다양한 발음을 사용해봤다. '에~', '이~', '오~'. 다양한 발음을 시도해보다 동물 울음소리로도 해봤다. '멍~', '왈~'. 아주 좋아한다.

그러다 꿀 소리를 내는 발성 연습(꿀~)은 여학생들이 싫어한다. 자기는 돼지가 싫단다. 내가 너무 여심을 무시했나?

---

6) 아동은 무생물도 자신처럼 감정을 가지고 살아있다고 생각하곤 합니다.
- 만 6~7세 : 움직이는 것은 모두 살아있다고 생각합니다(자전거, 자동차 vs 의자, 인형).
- 만 8~9세 : 어떻게 움직이는지에 따라 살아있는 것을 구분합니다(스스로 움직이는 것처럼 보이는 해, 구름 vs 누군가 조종하는 자동차).

5일 차 군것질

학생 하나가 등교하자마자 하리보(곰돌이 모양 젤리)를 내민다. 고민 끝에 네가 이걸 먹는 게 더 행복할 거라고 말하며 돌려주었다. 그리고 학교에 군것질을 가지고 오면 안 된다는 말을 덧붙였다. 아이의 뒷모습을 보는 데 갑자기 허기가 진다. 받을 걸 그랬나. 아이들과 부대끼다 보면 금세 배가 고프다.

옆에서 조용히 듣고 있던 다른 학생이 말한다.

학생 : 학교에 음식 들고 오면 다른 친구들도 다 먹고 싶은데….

잠시나마 받을 걸 그랬다고 생각한 나 자신을 반성한다.

한 학생이 교실로 들어오면서 나에게 인사하는 것을 놓쳤다.

학생 : 너 왜 선생님께 인사 안 해?

다른 친구의 말에 그 학생이 우물쭈물 다가온다.

나 : 인사하러 왔어요?

나의 말에 잔뜩 겁먹은 표정으로 고개만 끄덕거린다.

내가 먼저 인사하니 학생도 인사하고 배시시 웃으며 들어간다. 아, 처음 나에게 인사하라고 한 친구는 왜 친구를 무섭게 다그쳤을까? 왜….

어제 가르쳐준 대로 모두 신발 주머니를 손잡이가 안쪽으로 들어가게 돌려 넣었다. 나도 모르게 흐뭇한 미소가 지어진다. 그러나 옆 교실의 2학년은 자기들 멋대로 넣는다. 습관은 어떻게 생기고 어떻게 없어지는 걸까?

∿∿∿

잘못 들어간 신발 주머니 3개의 주인을 복도로 나오라고 했다. 나오자마자 이거 잘못했네 하며 고친다. 뭘 잘못했는지를 알고 있다는 게 더 놀랍다. 제법인데?

∿∿∿

처음으로 아침 독서를 지도했다. 집중력이 예사롭지 않다. 6학년은 그냥 멍하니 있던데 그 무기력은 언제 학습된 걸까?

∿∿∿

학교 중앙현관에 있는 '자연사한 거북이 박제'를 관찰하며 박제가 어떤 뜻인지 알려주었다. 다들 너무 불쌍하단다. 그래, 나도 어렸을 때 참 끔찍하다고 생각했었다.

∿∿∿

'집중의 박수' 규칙을 가르치는데 자꾸 한 학생이 손뼉을 안 치고 치는 시늉만 한다. 선생님이 너무 속상해서 삐졌다고 말하며 우는 시늉을 하니 금세 고친다. 약발이 좋은 만큼 자주 쓰지는 말아야겠다.

∿∿∿

“선생님, 이거 봐요”하면서 밤 주먹으로 나를 툭 치길래, 나도 툭 쳤더니 왜 때리냐고 한다. 야, 나도 맞으면 아프거든?

닭 뼈 나왔다고 울상 짓는 아이의 닭 뼈를 얼른 대신 받아 주었다. 그랬더니 반 애들이 모두 닭 뼈를 내게 가지고 왔다. 나도 닭 뼈 싫어. 치킨도 순살만 먹는다고….

밥 먹을 때 자꾸 중얼거리길래 옆에서 귀를 기울여봤더니 “냠냠냠”이라고 소리 내고 있더라. 정확히 발음이 냠냠냠이었다. 맙소사!

모든 1학년 학생이 밥을 먹고 난 후에 단 하나의 수저도 잘못 정리된 것이 없었다. 6학년 담임할 때는 더러워진 수저통을 보며 저학년이 잘못하는 것으로 생각했는데 아니였구나? 하긴 1학년이 규칙을 일부러 어길 리가 없지.

청소를 엄청나게 잘한다. 어쩌면 6학년보다도 더 잘하는 것 같다. 6학년은 청소하는 방법을 모르는 것처럼 뭉그적거렸는데, 그거 순 거짓부렁이었다. 할 줄 아는 데 모른 척 한 거였다.

6일 차 종합장 쓰고 싶어요

8시 40분, 아침 자습시간 시작종이 울리자 다들 읽던 책을 책꽂이에 꽂으러 간다.

나 : 아니에요, 지금부터 아침 자습시간 시작이에요.

학생 : 휴, 끝난 줄 알았네.

휴…? 안도하는 이유를 모르겠다.

독서시간에 자꾸 떠드는 소리가 나길래 가까이 가봤다. 책을 소리 내서 읽고 있었다. 그래, 일부러라도 소리 내서 읽는 연습을 해야 하지만, 조용히 책 읽는 시간이라고 했는데 어떡하지? 거 참….

여전히 오늘도 세 명이 신발 주머니를 거꾸로 넣었다. 그리고 사물함이 열려 있길래 앞에 서서 사물함을 쳐다보고 있으니 한 명이 배시시 웃으며 문을 닫고 들어간다. 자기 사물함 위치를 외우고 있다니 놀랍다.

밥 먹다가 이가 빠졌다. 일단 물로 입안을 와우와우하고 오라고 했다. 어느 선생님께서 1학년들은 젖니가 빠지는데 밥 먹을 때 주로 빠지니까 삼키지 않도록 조심해야 한다고 하신 말씀이 기억난다. 이제 시작인가?

학생 : 학교 안 가면 엄마 아빠 경찰서 가요?

나 : 응!

학생 : 그럼 여행도 빠져야 돼요?

나 : 그건 아냐.

학생 : 학교 안 가면 경찰서 간다면서요?

나 : ….

밥 먹고 학생들과 같이 교실로 돌아오는 길에 습관적으로 계단을 두 칸씩 올라가다가 황급히 뒤를 돌아보았다. 다행히 따라 하는 1학년은 없었다. 조심해야지.

학생 : 선생님, 종합장 써도 돼요?

나 : 으응….

학생 : 와, 신난다! 종합장 써도 된대!

음, 왜 신난 걸까?

여학생은 베풀고 싶어 한다. 종합장을 처음 쓰게 해주자(?) 내 초상화를 두 개 받았다. 자기들끼리도 서로 모습을 그려 주고받는다. "나 그려줄 거야?"라며 보답으로 줄 선물도 쟁여 놓는다.

남학생은 실험하거나 변화시키고 싶어 한다. '이렇게 책상을 움직여 보면 어떻게 될까?', '친구를 건드려보면 어떻게 될까?' 등 세상을 바꾸고 싶어 한다. 그런 생각에 잠겨 있을 때, 남학생 한 명이 필통을 총처럼 들고 친구한테 쏘고 있다.

책 읽을 때 집중력이 대단합니다.

7일 차 **거짓말은 안 통해**

자를 이용해서 직선 그리기 활동을 하고 있다.

나 : 여기는 왜 선 따라서 안 그리고 삐뚤빼뚤하게 그렸어요?

학생 : 여기는 책이 이렇게 불룩 나와 있어서요.

나 : 여기는 안 튀어나왔는데 왜 삐뚤빼뚤해요?

학생 : ….

더 이상 내게 거짓말은 통하지 않는단다.

과제를 하는 데 걸리는 시간이 학생마다 '너무' 다르다. 그래서 대비책으로 과제를 여러 개 준비했다. 다행히도 과제를 마친 후 또 하게 해도 질리지 않고 계속한다.

다 그렸다고 그림을 내민다. 얼굴에 머리카락은 안 그리냐고 물으니 조용히 자리로 돌아가 다시 그린다. 아니 왜? 그냥 이유가 궁금했다고. 알려주면 안 되겠니!

한 학생이 울었다. 친구가 자꾸 못 그린다고 하니 속이 상한 모양이다. 이번에는 대성통곡을 하면서 한 음절씩 끊어서 이유를 말하는 데 그 말을 알아들어야 하는 나는 무슨 암호 해독하는 줄 알았다.

눈높이를 맞추려고 울며 서 있는 아이 앞에 쪼그려 앉았다. 그랬더니 나를 따라 앉는다. 아니 그럼 눈높이가 또 차이 나잖아. 그리고 울면서 말이 막히면 자꾸 내 옷을 잡아 당긴다. 응?

장난치며 돌아다니던 희순(가명)이가 내 발을 밟았다.

나 : 선생님이 너무 아파서 눈물이 날 것 같아요. 아이고 아파라. 그러면 희순이는 어떻게 해야 하지요?

라고 했더니 옆의 다른 학생이 "선생님, 아픈 척하지 말아요."란다. 분명히 어제 안 미안해도 "미안해."라고 하라고 가르친 것 같은데….

칠판에 분무기로 물을 뿌렸다. 학생들은 저마다 3D 영화 같다, 비 오는 날 같다고 한다. 비유를 자연스럽게 사용하는구나. 6학년들은 그렇게 가르쳐도 잘 못 하던데….[7]

---

7) 6학년 1학기 국어 첫 단원에서 시에 드러난 비유법을 공부합니다.

오늘 청소는 물티슈로 바닥 닦기다. 다들 물티슈를 두 손가락으로 잡고 슬렁슬렁 닦는데 한 학생이 끈덕지게 앉아서 물티슈가 새까매지도록 닦았다. 그 모습이 너무 기특하여, 반 학생들 모두 손뼉을 치게 했다. 뭔가 공산주의 집단농장 작업의 성과 발표회 같았다. 오늘 밤 서기장은 나라우! 나라우!

고학년 학생은 대개 경험에서 얻은 자신만의 지식을 가지고 있다. 그 지식이 맞을 때도 있지만 틀릴 때도 있는데, 나는 그렇게 경험과 충돌하는 것을 생각해보게 하는 수업을 해왔다. 하지만 1학년에게는 그런 수업을 하는 것이 쉽지 않다. 경험도 지식도 부족하다. 그럼 내가 경험을 쌓아주자. 나는 K-12[8]의 첫 번째 관문을 지키는 교사니까.

ㄴ과 ㄷ을 보고 떠오르는 모양 그리기

8) 교육학에서는 초등학교 1학년부터 고등학교 3학년까지의 총 12학년을 미국의 학제를 따라 K-12라고 부르기도 합니다.

8일 차 숫자 비교는 어려워

학생 하나가 울며 등교한다. 손을 잡고 달래주는데, 엄마가 보고 싶단다. 울면서 간 아이가 신경 쓰였는지 학생 어머니가 교실로 연락을 주셨다. 앞으로 나오라고 해 전화를 바꿔주었다. 전화기를 귀에 대고 고개를 끄덕이며 말 없이 눈물을 흘린다. 그 모습이 안쓰러워 오늘 칭찬을 특히 많이 해주었다.

1~5교시가 언제 끝나는지 적힌 시정표 옆에 시계 모양을 그려놨다. 2교시 쉬는 시간이 끝날 때, 어떤 학생이 하는 말,

학생 : 우와! 지금 시계랑 저거(시정표)랑 똑같아!

앉아 번호[9)]와 한 줄 서기를 무척 좋아한다. 한번 시키면 앞에서부터 뒤까지 지치지도 않고 계속 하려고 한다. 나도 스쿼트(squat)라고 생각하고 시범을 여러 번 보여주다 보니 지쳐갔다. 회원님들 조금만 천천히 하면 안 될까요?

9) 앞에서부터 번호를 붙여가며 앉는 것을 말합니다.

점심 먹고 돌아가는 길에 학생 한 무리가 큰일이 났다며 달려왔다. 한 학생의 고무줄(머리 묶는)이 없어졌단다. 급식실에서 하나 주운 것이 생각나 주머니에서 꺼내줬더니 그거 맞단다. 선생님이 마법사라고 좋아한다.

학생 한 명의 입술이 파래졌다. 손이 꽤 찬 것 같아 따뜻해질 때까지 내 두 손으로 감싸고 있었다. 손이 따뜻해짐과 함께 혈색이 돌아왔다. 다행이다.

치약 뚜껑을 못 여는 학생이 많다. 학생 손가락에 내 손가락을 얹어 같이 열었다. "하나, 둘, 셋!"에 힘을 주어 열리면 무척 좋아한다. 비록 힘은 내가 다 줬지만, 자기가 연 것으로 착각하게 해야 한다.

학생 : 선생님, 저 같이 사는 오빠(이 표현도 이상하지만)가 몇 살이게요?

나 : 14살?

학생 : 아니요.

나 : 그럼 14살보다 많아요? 적어요?

학생 : ….

나 : ….

학생 : 12살이에요.

그래, 수의 크기 비교는 아직 어렵지.

9일 차 생활 패턴

막막했던 1학년 생활도 이제 하루의 패턴이 보이기 시작했다.
어제 뭐 했니? → 추리 퀴즈 → 생활습관 지도 → 그림 그리기 혹은 쓰기 → 단체 게임 → 밥 먹기 → 노래 부르기 → 청소하기

등굣길에 어제 알림장을 안 가져온 학생과 만났다. 알림장 가지고 왔냐 물으니 갑자기 길바닥에서 가방을 내리고 꺼내서 보여준다. 아니 아니, 그럴 필요까진 없어….

학생 1 : 왜 물이 없지?
학생 2 : 물 없으면 네가 안 챙긴 거겠지!
학생 1 : 아냐, 나는 옆(가방 옆)에다가 넣었어.
학생 2 : 사람은 실수할 수가 있어.
허허, 다 컸네. 이 녀석들….

두 손으로 입을 가리고 웅얼거린다. 손 치우라고 하기 그래서 귀를 기울여봤더니….
학생 : 선생님, 화장실 다녀와도 돼요?

학생들이 동물 소리를 꽤 그럴싸하게 흉내 낸다. 비법이 뭘까? 설마 성대가 덜 자라서? 혹시 자꾸 동물 소리 내면, 동물 소리가 잘 나는 성대로 자라는 것인가?!

문 닫고 여는 법을 가르치고 싶은데, 손힘이 부족해서 문손잡이를 돌리지 못한다. 당분간 보류. 그냥 계속 열어 놔야지….

복도 나갈 때는 무조건 옷을 챙겨 입으라고 알려줬다. 옷 안 입고 돌아다니다가 복도에 얼어붙어 죽은 학생을 치운다고 얼마나 힘들었는지 말해주면서. 다들 거짓말 말라며 믿지 않았지만, 복도에 나갈 때마다 꽁깃꽁깃 옷을 챙겨 입어 주었다. 귀엽고도 고맙고, 고맙고도 귀엽다.

잘 안 열리는 가방을 가지고 와서 열어달란다. 지퍼에 천이 낀 모양이다. 이리저리 돌려 빼서 열어줬더니, 자기가 다시 해본다. 그래도 빡빡한지 잘 안 열리니까 하는 말, "이거 살살 열리게 해 주면 안 돼요?" 살살 열리게라….

의자 넣고 빼는 소리가 하도 시끄러워서 의자 넣기 게임을 했다. 교사가 눈을 감고 있는 동안 소리 안 내고 의자에서 일어나면 성공. 흥미 유발을 위해 처음에는 소리가 조금씩 들려도 안 들리는 척했다. 그랬더니 학생 하는 말, "선생님 왜 안 들리는 척해요?"

10일 차 교가 사랑

23쪽을 펴보라 했는데 곤혹스러운 표정이다. 어려운가 보다. 칠판에 23 써주고 2랑 3이 오른쪽 밑에 쓰여있는 쪽을 펴라고 했다.

∿∿∿

교가를 아주 사랑한다. 집에서도 교가를 듣고 싶단다. 아무 생각 없이 내가 유튜브에 올려주면 볼 수 있냐고 물었더니 볼 수 있단다. 엄마한테 해달라고 하면 된단다. 인터넷은 위대하다!

∿∿∿

수수께끼를 내라고 해봤다.
학생 1 : 100 곱하기 100은 뭐게요?
학생 2 : 그럼 10000 곱하기 10000은 뭐게요?
너희 아직 덧셈도 못 뗐잖아. 그나저나 1000 곱하기 1000은 안 물어본다. 왜지?

∿∿∿

추리퀴즈로 '나는 누구일까요?'를 하고 있다. '나는 길쭉해요.', '나는 털이 있어요.'와 같은 양식으로 문제를 내보기도 하고, 스무고개로 내보기도 하고 있다.

∿∿∿

수업 중에 영상을 보는데, 영상에서 하는 질문에 아이들이 모두 대답한다. VR 없이 즐기는 가상현실 체험이다.

선 긋기를 못하는 아이를 보고 있자니 어린 시절의 기억이 떠오른다. 어릴 때 선생님께서는 마음이 삐뚤어진 사람은 그은 선도 삐뚤다고 말씀하셨다. 그 기억이 떠올라 조금 다르게 말해줬다.

나 : 열심히 연습하면 점점 잘할 거예요.

아이는 배시시 웃었다.

"오늘은 밥 안 남기고 다 먹을게요."란다. 아유~ 기특하다. 실제로 다 먹지는 못했지만, 마음이 기특하지 않은가!

키위가 나왔다. 숟가락으로 키위를 파먹는 아이가 다수고, 일부는 앞니로 긁어먹는다. 근데 앞니가 없어서 먹기 힘들 텐데….

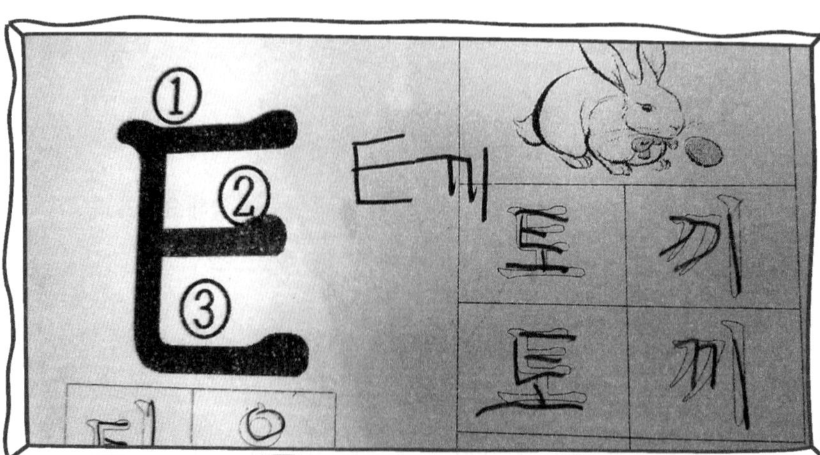

선 하나하나에 혼을 담아 꾹꾹 눌러 썼다

11일 차 **언어 학습**

한 학생이 오늘 방과후 교실에 간다며 자랑을 늘어놓는다. 그러고 보니 오늘이 방과후 교실 첫날이다. 내심 불안하여 어디로 가야하는지, 반의 이름은 무엇인지 물어봤더니 잘은 모르는데 책 읽는 거란다. 찾아봤더니 독서토론논술이다.

나 : 독서토론논술이에요.

학생 : 독….

나 : 자자, 따라 해봐. 독서, 토론, 논술

학생 : 독서토론.

나 : 독서토론논술.

학생 : 독서트르는수?

…. 모르는 낱말은 네 음절이 한계다.

학생 : 선생님, 어제 이거 왜 안 했어요?

나 : 책 읽고 1교시에 이야기하자.

학생1, 학생2, 학생3 : 선생님, 어제 이거 왜 안 했어요?

나 : 책 읽고 1교시에 이야기하자.

학생 : 선생님….

…한 10번 말했다.

날씨가 좋아 놀이터에 데려갔다.

학생 : 말 안 들으면 노는 시간 줄일 거예요?

나 : 음…. 네!

학생 : 어린이집이랑 똑같네.

영업비밀을 알았다.

~

놀이터 모래사장에 누가 엄청 큰 콘크리트 덩어리를 가져다 놨다. 애들이 부딪히면 크게 다칠 것 같다!! 치밀어 오르는 분노를 누른 채 한 쪽으로 치워놨다. 부모가 되면 왜 이런 문제에 예민해지는지 알 것 같다.

~

좀 시시했지만 나도 구름사다리와 암벽등반, 정글짐을 같이 했다. 큰 소리로 떠들며 같이 하니까 꽤 재미있었다.

~

팔 힘이 모자라 구름사다리에 매달리지 못하는 아이들을 밑에서 안아 올려 받쳐주었다. 한 서너 명쯤 해주고 나니 하늘이 노래진다. 그런데도 자기도 해달라는 요청이 끊이질 않아 결국 땅에 떨어져 있던 플라잉 디스크(flying disk)를 하나 주워 멀리 날리고 가져오라고 하자 다들 그쪽으로 뛰어간다. 휴~.

~

마무리 운동으로 운동장 한 바퀴를 가볍게 뛰었다. 나는 아이들을 보며 뒤로 뛰었으니 진짜 가볍게 뛴 것이다. 하지만 낙오자 발생. 아쉬운 마음에 천천히 걸어서라도 완주시키고 복창시켰다.

나 : 운동장 한 바퀴는 뛸 수 있어야 해요!

'무궁화 꽃이 피었습니다'를 가르쳐주었다. 쉬는 시간에 자기들끼리 한다. 그런데 술래가 뒤를 돌아보지 않고 친구들을 보면서 "무궁화 꽃이 피었습니다."를 외친다. 근데 그건 '그대로 멈춰라' 게임 아닌가?

자기 키보다 더 큰 탑을 쌓는 비법이 뭘까요?

12일 차 짜장면 먹기

단기 기억 증진을 위해 따라 말하기 수업을 했다. 서로 다른 4개의 낱말을 무작위 순서로 5개 말하는 것이 한계다. 예를 들어 "나무 나무 가위 가위 로봇"까지는 따라 하지만, "나무 가위 다리 가위 로봇"은 못한다.

∿∿

보건실에서 나와 학생 손을 붙잡고 교실로 향했다. 날 따라오는 학생의 걸음이 벅차 보여 걷는 속도를 늦췄다. 그러자 아이는 보폭을 줄여 여전히 바삐 걷는다. 항상 어른과 같이 걷느라 저렇게 적응이 된 걸까?

∿∿

점심 먹고 돌아오는 길에 아까 그 학생이 다른 친구와 손을 잡고 돌아온다.

다른 친구 : 너는 걸음이 왜 이렇게 빠르니?

아까 그 학생 : 나는 원래 걸음이 빨라.

아…. 그런 거였구나.

∿∿

오늘은 짜장면이 나왔다. 짜장을 입에 마구 묻혀가며 먹는 아이들의 모습이 흡사 미국 드라마 〈워킹데드〉 같았다. 무슨 짜장면으로 메이크업이라도 하는 것 같다. 혹시 나도 그렇게 먹나 싶어 거울을 보니 아니었다. 탈무드에 나오는 굴뚝 청소부 이야기가 생각난다.

∿∿

두 아이가 굴뚝 청소를 했다. 끝나고 봤더니 한 아이는 얼굴이 더러워졌고, 한 아이는 얼굴이 그럭저럭 괜찮았다. 어떤 아이가 열심히 씻었을까? 의외로 얼굴이 그럭저럭 괜찮은 아이가 열심히 씻었다는 것이 탈무드 굴뚝 청소부 이야기이다. 왜냐면 서로 얼굴을 보고 자기 얼굴도 그럴 거라고 생각했기 때문에.

다시 아이들을 봤다. 아니 반대로 유행처럼 서로 묻히려고 먹는 것 같기도 하다. 뭐 일단 다 먹이고 다 같이 씻자. 그럼 되지 뭐.

한 아이가 손이 까졌단다. 그런데 아무리 봐도 상처가 보이진 않는다. 고민 끝에 면봉을 꺼내 약을 짜는 척하고 상처 났다고 말한 부위에 대주었다. 약을 발랐으니 조금 따갑겠지만 시간 지나면 괜찮아질 거라고 해주었다. 방긋 웃더니 자리로 돌아간다. 잠시 후 물으니 정말 안 아프단다. 손이 아니라 마음이 더 심하게 다쳤었나 보다. 그리고 이런 경우 연고 오남용이 더 나쁘다...고 생각한다.

보건실에 다녀올 때는 손을 더 꼭 잡아줍니다.

13일 차 **분단 이름 정하기**

학생 : 교가는 율동 없어요?

이 정도로 교가를 사랑하는데 율동도 만들어줄까? 그런데 조금만 시간 지나면 율동하기 싫을 텐데….

분단(7명) 이름 정하기를 했다. 혼돈 그 자체다.

일단, 다수결의 원칙을 가르쳐 주었다.

나 : 7명 중 2명이 좋아하고 5명이 싫어하는 건 하면 될까? 안될까?

그리고 소수 의견 존중도 같이 가르쳤다.

나 : 5명이 좋아하고, 2명이 싫어하는 것은 무조건 해도 될까?

그래서 결국 모두가 좋아하는 이름으로 하기로 했다. 그리고 (당연히!) 어떤 분단도 이름을 정하지 못했다.

모둠 이름 후보로는 각 모둠에서 수박, 김밥, 교가, 우리 학교 이름, 레몬, 장미, 포도 등이 나왔다.

교가 부를 때도, 자동으로 아이엠 그라운드 박자치기를 한다. 처음에 잘 맞는다 싶더니 이윽고 엇박자의 시작이다. 박자에 도움이 될까 싶어 리듬스틱을 쳐 줘도 들리는 귀와 박자 치는 손과 노래 부르는 입이 따로 논다.

피아노로 반주를 쳐주는데, 가끔 반주를 틀려도 전혀 신경 쓰지 않고 자기 페이스대로 노래를 한다. 예를 들어, '학교 종이 땡땡땡'을 부를 때, C－F－C 진행에서 실수로 C－F－G를 쳐도 마냥 즐겁게 노래를 부른다. 6학년 가르칠 때는 박자가 살짝만 틀려도 나한테 눈치를 주던데….

드디어 컴퓨터 켜고 끄는 방법을 배웠다. 켰으면 "꺼요?" 껐으면 "켜요?" 그것만으로 충분히 즐거워하는 모습을 보니 자주 컴퓨터실에 와야겠다는 생각이 든다.

학교 그리기 활동을 하려고 "사물함에서 색연필이랑 종합장 가져오세요."라고 말했더니 나에게 색연필과 종합장을 내민다. 아!

유난히 내 곁에 가까이 붙어서 말하는 아이가 있는 반면, 저 멀리서 고래고래 소리를 지르는 아이가 있다. 두 행동의 균형을 찾는 것이 성장이겠지.

느닷없이 "선생님은 엄마 아빠 없죠?", "…."
왜? 우리 부모님 정정하신데….

학생 : 선생님은 몇 살이에요?

나 : 100살.

학생 : 100살이면 우리 엄마보다 많다.

컴퓨터실에 간 날, 모든 게 신기하고 놀랍습니다.

14일 차 오늘은 선생님이 일찍 오셨어

학생들이 의자 뒤에 건 가방 때문에 못 지나간다. 여러 번 시도해보다가 다른 길을 찾는다. 그런데 분명히 앞이 막힌 길인데도 끝까지 가봐야 막힌 줄 안다. 굳이 거기까지 안 가봐도 그쪽으로는 못 지나가는 걸 언제쯤 깨달을까?

학생 1 : 넌 어른 되면 담배 피울 거야?
학생 2 : 난 안 필 건데.
그 마음 절대 잊지 마렴.

학생들이 어제 나에게 하도 지각(8시 25분 출근)했다고 해서, 오늘은 8시 15분에 왔다.
학생 : 오늘은 선생님이 일찍 오셨어!
어제도 제시간에 왔어….

등교하고 나면 가방 벨트(가방 앞 끈 고정시키는 용도)를 풀어주는 게 일상이다. 모두 내 앞에 한 줄로 죽 선다. 반드시 소근육을 길러 스스로 하게 하리라.

머리 고무줄을 풀어달란다. 3분 씨름 끝에 머리카락 몇 가닥과 함께 고무줄 제거(?)에 성공했다. 근데 나도 모르게 머리카락이 당겨질까 봐 잔뜩 긴장한 채 계속 아프냐고 물어봤다. 몇 가닥 뽑혔으니 아플 것 같은데 괜찮다고 한다. 미안~. 머리 묶고 푸는 것은 굉장히 힘든 거구나.

학생 하나가 꺼이꺼이 울면서 등교한다. 깜짝 놀라 얼른 달려가 물어보았다. 울음이 섞여 있는 말을 겨우 알아듣는다.

학생 : 오빠가요….

나 : 왜? 무슨 오빠가?

학교 폭력인가 싶어 마음이 쿵 내려앉는다.

학생 : 우리 오빠가아…

나 : 응, 니 오빠가 왜?

학생 : 우리 오빠가… 자꾸… 못생겼다고 해서요.

나 : ….

짐짓 표정을 고쳐 말없이 등을 토닥여주었다.

쓰레기통을 밟아서 정리했다.

학생 : 선생님은 왜 쓰레기통에 발 넣어요?

나 : ….

운동장에서 코를 입술까지 흘리고 있는 아이가 있었다. 수돗가로 데려가서 내 손바닥에 코를 풀게 했다.

나 : 하나, 둘, 흥~!

내 콧물도 내 손에 묻으면 더러운데, 아이의 코는 더럽다는 생각이 들지 않는다. 이거 예전에 우리 엄마가 해주시던 거잖아!

어제 못 끝낸 모둠 이름 정하기.

학생 : 예쁘고 멋진 우리 엄마 아빠 모둠은 어때?

음….

밥 먹기 전 손 씻고 오랬더니 우물쭈물하다 하는 말.

학생 : 쉬 눠도 돼요?

15일 차 봄이 온 줄 알았는데, 네가 온 거였구나

이번 미술 시간에는 어떻게 칠하면 좋을지 모둠끼리 얘기를 해보라고 했다. 그리고 모둠 친구들의 마음에 들어야 한다고 말했다.

학생 : 우리 마음에 드는 게 선생님 마음에도 드는 거예요?

놀라운 반응이다. 코가 찡하다.

〰

학생 1 : 00아, 여기는 무슨 색으로 칠할래?

학생 2 : 난 무지개로 칠하고 싶은데 넌 어때?

학생 1 : 나도 좋아. 그럼 같이 칠하자.

그래, 그거다!

〰

한 학생이 그림을 들고 앞으로 나온다. 왜냐고 물으니 당황하다가 들어간다. 추측건대 작품 완성의 흥분을 주체하지 못한 것 같다. 하하하.

〰

나 : 향기롭고 따뜻해서 봄이 온 줄 알았는데, 네가 온 거였구나

한 명이 한 글자씩 맡아 색칠하고 한 글자씩 읽었다. 가만히 듣고 있자니, 마음 깊은 곳에서부터 뜨거운 게 올라온다.

〰

딸꾹질이 자꾸 나온다는 아이가 있어서, 안아서 한 번 휘익~ 돌려주었다. 딸꾹질이 멈췄단다. 그런데 재밌다며 또 해달란다. 딸꾹질 나올 때 다시 해주겠다고 했다.

가정통신문을 뒤로 넘기는 것에 미묘한 권력이 생겼다. 바로 뒤에 있는 친구한테 넘기는 것이 아니라, 모둠 안에서 주고 싶은 친구한테 먼저 준다.

두 아이가 다투었다. 마음의 상처는 몸의 상처와 다르게 밴드를 붙일 수 없고, 따뜻한 말을 해주고 기다려야 한다고 가르쳤다. 그래서 관계지도를 했다. 선생님도 서툴지만, 너희보다는 많이 아파봐서 잘 알아.

학생들끼리 우정 순위를 매기는 것이 본격적으로 이루어지고 있나 보다. 나는 몇 등이냐고 서로 물어본다. 이거 그냥 지켜보기에는 위험해질 것 같은데….

마음이 따뜻해지는 말입니다.

16일 차 **가족을 그려보자**

학생 : 선생님, 저도 이제 승리 태권도 다녀요.
완연한 기쁨을 담아 하는 말 속에 학원의 영업비밀이 엿보인다. 유행을 일으키는 거였군.

∿∿∿

학생 1 : 00야, 내가 널 엄청 좋아해.
학생 2 : 그럼 나는?
학생 1 : 너도 똑같이 좋아해.
어른에게는 민망한 대화로 느껴지지만, 아동에게는 상대에 대한 진심 어린 아낌만 듬뿍 담겨있다.

∿∿∿

집과 가족 그리기를 했다. 가족 중에 오빠를 그리기 싫다는 학생을 잘 설득해서 그려오게 했다. 그런데 오빠를 돼지로 그려놨다. … 어지간히 미웠나 보다.

∿∿∿

오빠가 못생겼다고 놀렸다고 울면서 학교에 왔던 학생(14일 차)이 있다. 그 학생이 가족을 그릴 때, 옆에서 넌지시 오빠는 잘생겼냐 물어보았다. 내 눈을 피하며 대답하기를 자기 오빠는 잘생겼단다.
그랬구나….

17일 차 **나 할 줄 알아요**

종이를 반으로 접어서 자국을 낸 뒤 자국에 따라 반씩 접은 것을 부르는 용어도 다양하다. 대문 접기, 냉장고 접기. … 유치원마다 용어가 달랐던 탓인가?

∿∿∿

"나 할 줄 알아요.", "유치원에서 다 배웠어요."하는 학생이 참 많다.
나 : 그럼 모둠 친구들이 잘할 수 있게 도와주세요.
장내가 조용해졌다.

∿∿∿

밥 먹다가 어렴풋이 들려오는 "선생님" 소리에 나는 미어캣이 된다. 들렸다 싶으면, 분명히 우리 반 누가 부른 것이다. 그 많은 급식실 소음 중에 어떻게 그걸 구분해내는지 나도 내가 신기하다.

∿∿∿

이빨이 흔들려서 깍두기를 못 먹겠단다. 깍두기를 손톱보다 더 작게 잘라서 주었다.

∿∿∿

풀무원 '바른 먹거리 송'을 배웠다. 어떤 학생이 어릴 때 너무 많이 들어서 지겹단다. 지겹다는 말의 의미를 제대로 알고 있는지, 또 어디서 배운 말인지 궁금하다.

∿∿∿

사흘 전에 싸운 학생이 오늘에서야 완전히 화해했다. 마음의 상처는 회복 시간이 필요하다.

18일 차 소금을 만드는 맷돌

궁금해서 재봤는데 반 앞에 도착해서 신발장에서 신발을 갈아 신고 교실에 들어와 자기 자리에 앉는 데까지 3분 걸린다. 흠….

∿∿∿

의자에 앉아 있는 학생이 물건을 떨어뜨리면, 거리와 상관없이 물건을 향해 일단 손을 뻗는다. 손이 닿지 않으면, 의자를 뒤로 밀지 않고, 연체동물처럼 몸을 구겨가며 의자에서 나와 물건을 줍는다.
거리를 가늠하여 팔을 뻗거나, 의자를 뒤로 밀어 일어나는 기술은 언제쯤 익힐 수 있을까?

∿∿∿

오늘부터는 적극 협동 시스템이다. "저는 다 했어요." 대신 "우리 모둠은 다 했어요."다. 칭찬과 함께하니 효과는 굉장했다.

∿∿∿

우리 교실 아래에 있는 교실이 현재 공사 중이다. 드릴 소리를 듣고 장난기가 발동해 이 소리는 학교가 방귀 뀐 것이라며 "아이쿠, 냄새~"라고 했다.
학생 : 에이~ 선생님, 어떻게 학교가 방귀를 뀌어요?
요즘 1학년은….

∿∿∿

소금 나오는 맷돌이 바다에 빠져서 바닷물이 짜진 전래 동화 이야기를 해주었다. 나름의 각색을 덧붙여 맷돌과 같이 빠진 맷돌 도둑이 바다 안에서 맷돌 손잡이를 잡고 발버둥치다가 죽어서 더 이상 맷돌은 돌아가지 않는다고 했다. 그래서 바닷물은 시간이 지나도 더 짜지지는 않는다고 말해 주었다.

그래서 만약 바다를 더 짜게 만들고 싶으면 잠수해 들어가서 맷돌 손잡이를 돌려야 한다고 해주었다. 다들 초롱초롱한 눈빛으로 집중해서 듣는다. 응? 이건 왜 믿지?
사실 거짓말이고 지각을 구성하는 물질이 바닷물에 녹아서 그런 거라고 말해주고 싶었지만 참았다.

자기들끼리 노는 데도 벌칙을 만들어 철저하게 지킨다. 어떤 게임을 하는지는 모르겠는데, 술래가 되자 벌칙인 팔벌려뛰기를 한다. 아주 특이한 것은 술래 벌칙을 받으면서도 즐거워한다는 점이다.

무엇을 좋아하거나 싫어하는 것은 선천적일까? 후천적일까? 그렇다면 특별히 사람을 좋아하는 성향이 있을까? 술래가 되어 팔벌려뛰기를 한 학생이 팔벌려뛰기가 끝나자마자 다른 학생을 껴안는다.

19일 차 모둠 발표의 시작

놀이를 하다가 서로 부딪혀 넘어졌다. 어떻게 하나 가만히 지켜보니, 한 학생이 나선다.

학생 : 정화(가명)도 일부러 그런 건 아니지만, 자현(가명)이가 넘어졌으니 사과하는 게 좋겠어.

∿∿∿

모둠 발표를 시켜보았다. 모든 모둠원이 한마디씩은 해야 한다는 규칙과 순서를 안내했다. 소감을 물으니 떨려서 죽을 뻔했단다. 어떤 모둠은 발표가 끝나고, 서로 안아주더라. 제일 열심히 한 모둠이었다. 기특하다.

∿∿∿

알림장을 검사하는데, 한 학생이 늦게 나왔다. 알림장을 내밀면서 하는 말이,

학생 : 주인공은 제일 마지막에 나오는 법이에요.

나 : 아직 검사 안 한 사람 4명 남았어요.

학생 : ….

자기 자리 청소를 끝내고 앞으로 나와 칠판 주변을 청소하는 학생을 칭찬했다.
어깨를 으쓱하더니 "서비스하는 겁니다."라고 말하고 다시 자기 자리로 돌아간다.
아니 도대체 어디서 들은 말이지….

열심히 만든 작품의 발표를 준비 중입니다.

20일 차 유튜브 문화

아침 독서시간에 계속 중얼거리는 아이가 있었는데, 혼자 노래를 부르고 있었다. 노래가 끝날 때까지 빤히 쳐다봤다. 노래가 끝나고 눈이 마주치자 부끄러운 표정을 지으며 책에 고개를 묻는다.

학생 : 날아오르라 주작이여라~
애니메이션 〈환상게임(1995)〉을 본 적도 없는 학생들이 따라 하는 이 노래는 아마 유튜브에서 배운 거겠지.
이런 유튜브 문화는 너무나 자연스럽게, 그러나 확실하게 학습된다. 교육적인 관점에서 어떻게 봐야 할까?

긴 머리 여학생들의 머리카락을 일일이 갈무리해서 이름표 끈을 뒤로 넘겨주었다.

우리 반이 제일 좋단다. 비교군이 없는데 반에 대한 만족도는 어떻게 재는 걸까?

받아쓰기를 해보면 어려워하는 것은 계속 어려워한다. 축구공, 초콜릿에 무슨 받침이 들어가는지 어려워하고 줄넘기는 몇 번이고 '줄럼기'로 썼다가 지우기를 반복한다.

학생 : 지현(가명)이가 똥침 해요.
지현이를 복도로 불러 물어보았다. 자기는 똥침 안 하고, 똥침 하는 손 모양만 했단다. 그래서 그 손 모양을 만든 것을 친구 엉덩이에 댔냐고 물었더니 그랬단다. 그게 똥침 아닌가?

장래희망 그리기 중에 역시나 유튜버가 있다. 어떤 유튜버가 되고 싶은지를 그리라고 했더니, 전부 먹방 유튜버를 한단다.

먹는 색종이, 먹는 벽돌에 관심이 꽤 높다. 그런데 정작 급식 먹는 기준으로 보면 먹는 걸 좋아하는 학생들은 아니다. 먹방 유튜버가 급식 잘 먹기 캠페인을 찍어주면 좋을 텐데….

엄마, 학교

다녀오겠습니다

4월 April

친구 얘기 들어주기

21일 차 서로 도와주기

학생 : 4월은 언니 생일이 있어서 좋아요.

하긴 나도 가족 생일에 케이크 촛불 끄는 이벤트만 있어도 좋았었다.

물통 뚜껑을 떨어뜨려서 깼다. 친구가 떨어뜨렸단다. 친구가 그걸 왜 떨어뜨렸냐고 물었더니 자기가 들어달라고 줬단다.

나 : 그럼, 누구 잘못일까?

학생 : 반반 잘못이요.

나 : 그럼 그 친구는 앞으로 경신(가명)이가 들어달라면 안 들어줘야겠네?

곰곰이 생각해보더니 자기 잘못이란다.

도와주고 싶은 친구와 도움을 받기 싫은 친구 사이에 갈등이 있었다. 도움을 주려는 친구에게 도와주지 말라는 말 대신 "기다려줘.", "XX 하는 거 도와줘."라고 구체적으로 말하게 했다.

이제 서로 도와주는 게 재밌단다.

급식실에서 줄 서 있는 동안 다른 반 학생 무리를 보고 우리 반의 한 학생이 다른 학생에게 쟤는 왜 이렇게 못생겼냐고 했다. 일단, 그런 말은 나쁜 것이라고 가르쳤는데 단순한 금지보다는 아이들이 납득할 수 있는 전략을 생각해봐야겠다.

어떤 1학년은 인중에 콧물을 달고 산다. 자기 코에서 콧물이 줄줄 흐르는 것도 다른 사람의 코에 콧물이 흐르는 것도 별 관심이 없다. 그런데 외모 평가를 하다니…. 음, 1학년 처지에서 생각해보면 자기와 다른 것을 그렇게 표현하는 것이 아닐까 싶다.

컴퓨터실에 가고 싶단다. 뭐가 제일 재밌었냐고 물으니 마우스 움직이는 게 제일 재밌었단다. 하긴 나도 너희 나이 때는 dir[10]만 쳐도 즐거웠어.

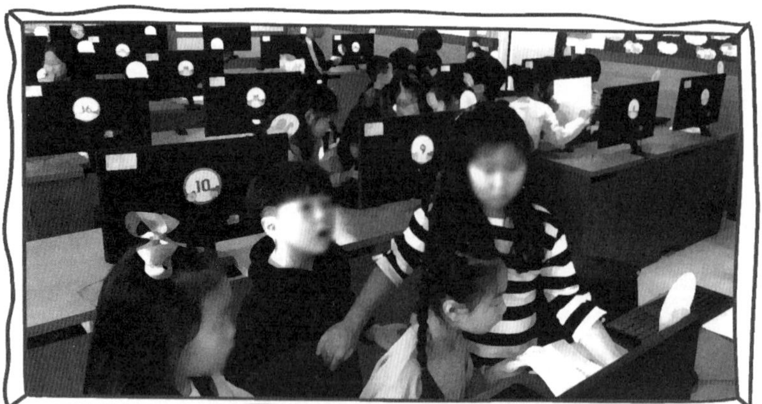

"어? 선생님 컴퓨터랑 친구 컴퓨터랑 왜 다르지?"

10) 해당 디렉터리에 있는 파일과 하위 디렉터리 목록을 보여주는 도스(DOS) 명령어입니다.

22일 차 대화를 나누는 시간

모둠끼리 대화를 나누는 시간이다. 어떤 모둠의 대화는 점점 극단적으로 변해간다. 아무리 자랑하고 싶어도 가족 100명은 너무 심하잖아.

작품을 함께 만드는 것은 잘 하지만, 서로 가르쳐주기는 아직 어려운 모양이다. 그래서 시간을 정하고 방법을 알려주기로 했다.

나 : 지금부터 자기가 알고 있는 것을 친구에게 알려주는 시간!

책 삽화에 나오는 어떤 사람이 독일사람이냐 아니냐를 두고 싸운다. 독일사람이라고 생각하는 이유가 궁금해서 물어봤더니, 자기도 모르겠단다. 그런데 왜 독일사람이지?

서로 다른 알림장 3장을 4장씩 가져가는 걸 못하는 학생이 있다. 계속해서 다시 시켜보았다. 울먹인다.

나 : 윤경(가명)이가 할 수 있으니까 시키는 거예요.

울먹임과 함께 5차 시도 끝에 성공했다. 눈물이 글썽한 눈과 앙다문 입술에 자부심이 가득하다. 나는 웃으며 말없이 머리를 헝클어뜨려 주었다.

23일 차 실내화를 안 들고 온 학생

비가 왔다. 물이 떨어지는 우산을 들고 교실 입구에서 우산 어디에 꽂냐고 물어보는 학생이 있는가 하면, 자연스럽게 남들이 우산을 꽂은 통에 꽂는 학생이 있다.

실내화를 안 들고 온 학생이 있다. 신발을 신고 들어오면 교실이 더러워진다는 얘기를 해주며 어떻게 하면 좋겠냐 물으니 청소를 하겠단다. 나도 같이 청소하기로 했다. 이야기를 마치고 교실로 들어가려는 데 다행히 어머니가 실내화를 가져다주셨다.

매듭이나 꼬인 것을 푸는 데 무척 어려워한다. 무턱대고 잡아당겨서 오히려 더 단단하게 꼬이기도 한다. 해맑은 표정으로 풀어 달라고 내미는데, 차라리 처음부터 풀려고 시도하지 말고 내게 가져 오라고 하는 게 나을 것 같기도 하다. 아니 잠깐, 처음부터 내가 풀어주는 것이 교육적으로는 좋은 방법이 아닐 것 같다.

나 : 60쪽 펴 보세요.
학생 : 저 60쪽 폈어요!
그 말을 한 학생을 웃으며 물끄러미 쳐다봤다. 그 학생도 한참 말똥말똥 내 얼굴을 본다. 무언가 깨달았다는 표정을 지으며 씩 웃더니 모둠의 다른 친구가 그 페이지를 찾는 것을 도와준다. 나도 웃어주었다.

24일 차 1학년의 게임 방법

전기 전달하기 놀이를 했다. 손을 꾹 잡아서 신호를 보내고 받는 걸 이해 못 한다.
왼손에 신호가 오면 오른손으로 보내는 거라고 했는데, 왼손과 오른손을 구분하지 못한다. 아….

둥글게 둘러앉아 순서대로 일부터 십까지 세고 다시 구–팔–칠로 내려오는 게임을 하기로 했다. 왼쪽 방향을 가르치는 것이 목표다. 매우 재밌어한다.

이어 옆에 앉은 친구와 손뼉치기를 했다. "친구 손바닥을 치는 거예요"라는 내 말에 친구 손바닥을 치긴 쳤다. 문제는 친구가 너무 아프게 쳤다는 제보가 속출한다는 것이다. 그래, 치라고 한 것은 맞는데….

학생 : 여기 장갑이 있어요.
나 : 네, 놔두면 주인이 찾아갈 거예요.
학생 : 맞아요, 모르는 사람 꺼 마음대로 가져가면 안 된댔어요.

이제 어려움 없이 컴퓨터를 켜고 끌 수 있다. '마우스/커서/좌클릭/우클릭/프로그램'이라는 낱말을 배웠다.

∿∿∿

나 : 여러분이 처음으로 사용할 프로그램은 그림판입니다.
1학년 담임을 하면서 자꾸 내 초등학교 시절이 떠오른다. 내 첫 프로그램은 뭐였을까?

∿∿∿

그림판 기본 기능을 지도했다. '브러시(brush), 모양 그리기, 색 채우기'의 기능 하나하나가 학생에게 놀랍도록 신기한 세계인 것 같다. 내일부터 색연필로 칠하는 걸 싫어하지 않을까 걱정이 될 정도다. 손가락 힘이 없어서 클릭한 채로 마우스를 옮기는 것이 힘든 학생도 있다.

∿∿∿

어떤 게임을 하고 싶은지 물으며, 재밌는 게임, 무서운 게임, 어려운 게임 중에 고르라고 했다. 3 : 6 : 1의 비율로 무서운 게임이 제일 높게 나왔다. 뭐, 어차피 같은 게임을 할 거지만….

25일 차 젖니 갈이 시즌

소근육 힘이 좋아 발달이 빠른 애라고 생각했는데, 앞니가 젖니였다. 흔들린단다. 소근육 발달과 구강 발달은 또 다른가? 앞니 빠진 '중강새'가 늘고 있다. 바야흐로 젖니 갈이 시즌이 도래했다.

앞니가 흔들리는 학생에게 저녁에 치과 가라고 하려 했는데, 아차…. 돌봄 교실 가는 학생이다. 돌봄 마치고는 뭐하냐고 물으니 저녁 늦게까지 태권도 학원에 간단다. 서글퍼졌다. 토요일에도 치과는 여니까 토요일에 부모님과 꼭 치과 가라고 하면서 머리를 쓰다듬어 주었다.

속이 안 좋단다. 잠깐 자리로 가서 5분만 기다려 보라고 했는데, 1분도 안 돼서 다시 나온다. 진짜 안 좋단다. 황급히 복도로 데려나갔다. 복도에 나오자마자 바닥에 아침에 먹은 음식을 흩뿌린다. 교실에는 잠깐 영상을 틀어놓은 후, 화장실로 데려가 학생을 씻긴다. 센스 있는(?) 자세로 구토를 한지라 다행히 옷에는 묻지 않았다. 보건실로 보내고, 나는 복도에 남아 쓰레받기 두 개와 물걸레 청소포를 이용하여 기가 막히게 흔적을 지웠다.

보건실에 갔다 온 학생이 다시 속이 안 좋단다. 복도로 데리고 나가자마자 다시 시작이다. 음…. 아까보단 양이 적다는 생각이 들었다.

이전의 과정을 다시 한번 반복했다. 1학년 교사는 짧게 보여줄 영상을 많이 가지고 있어야 한다. 〈뮤턴스가 내 이에 똥 쌌어〉[11] 같은….

체육시간이다. 밖에 나가 체육을 했다. 운동장 5바퀴, 철봉 오래 매달리기, 철봉 배대고 돌기를 했다. 배대고 돌기 할 때 일일이 학생의 머리를 잡고 돌려줬다. 고개를 숙이면 앞으로 도는 원리(교육대학교 시절 물구나무 시간에 배움)를 이용했다. 다들 놀이기구 같다고 무척 좋아한다. 근데 나는 허리에서 '뚝' 하는 소리가 난 것 같다.

크레파스 두 개를 내밀며,

학생 : 선생님, 연두색이 진한 거예요? 풀색이 진한 거예요?

나 : ….

학생 : 선생님, 저는 좋아하는 게 없어요.

나 : 엄마는 좋아요? 싫어요?

학생 : 좋아요.

나 : 반찬은 무슨 반찬 좋아해?

학생 : 다 좋아해요.

나 : 치킨 좋아해?

학생 : 네!

---

11) https://youtu.be/d6V_NawAwyU

나 : 우리 ××는 이렇게 좋아하는 게 많구나.

학생 : 그러네요.

나 : 좋아하는 것이 많아서 부럽네. 하나만 골라볼까?

엄마가 집에서 세탁기를 고치느라 오늘은 데리러 오지 못한다며 울상이다. 그럼 선생님이랑 같이 집에 가자고 했다. 일단 다른 학생들을 먼저 하교시키고 그 학생만 교실에 있으라고 한 후 교무실에 가서 외출하겠다고 말씀드렸다. 그리고 학생과 손잡고 교실을 나선다. 어라? 1층에 엄마가 와 있다.

학부모님 : 에고, 선생님. 반 친구들이 그러는데 우리 애 보고 남으라고 하셨다고 들었어요. 우리 애가 뭘 잘못했나요?

나 : ….

닌자 거북이 출동! 귀여우니까 운전자분들도 한 번 멈춰주세요.

26일 차 **선생님이 좋아요**

한 학생이 독서시간에 느닷없이 소리를 지르며 교실 중간으로 가더니 팔벌려뛰기를 한다. 복도로 데리고 나가 타일렀더니 운동하고 싶어서 그랬단다.

∿∿∿

가만히 안아 들고 얼굴을 봤는데 계속 내 시선을 피한다. 운동하고 싶으면 선생님께 말하고 복도에 나가서 같이 하자고 했다. 손가락 걸고 약속을 했고, 약속한 내용을 다시 말하게 했다.

∿∿∿

공책을 사물함에 넣고 자리에 앉으려다가 책상 위에 크레파스를 아직 치우지 않았다는 것을 발견한 학생. 짜증이 날 법한데도, 다시 일어나 크레파스를 정리한다. 그 모습을 물끄러미 바라보며 기다린 후 칭찬하는 게 내 일이다.

∿∿∿

친구 도와주기 상황극을 했다.
학생들 : 이걸 왜 해요? / 재미없어요.
연극 같아서 좋아할 줄 알았는데 부정적이라 의외다. 친구를 도울 때 뭐라고 해야 할지 모를 수도 있기 때문에 배워야 한다고 말했더니 수긍한다.

∿∿∿

어린 학생들의 발음은 참 어렵다.
워우(여우), 거복이(거북이), 웡숭이(원숭이), 다암지(다람쥐)

팔에 쥐가 났다길래 팔을 주물러 줬는데, 그게 아니란다. 재차 물어보니 "시계 긴바늘 8이 지났다(팔에 쥐 났다)."라는 것이었다.

줄 서기는 되는데, 줄 선 상태를 유지하는 것이 어렵다. 익숙하게 만들려고 남/여 두 줄씩 세워서 1 : 1 : 1 : 1팀 달리기를 하고 질서 점수를 주겠다고 했다. 한 게임을 끝내고 나니 남자 두 줄, 여자 한 줄이 되어 있었다. 응?

앞으로 뛰기, 옆으로 뛰기, 발 모아 뛰기까지는 곧잘 따라 하는데, 투스텝은 어려운가 보다.

원을 만들어 풍선 불기 게임을 했다. 반 전체가 둥글게 손을 잡고 있다가, 술래가 "후~"하고 불고 있을 땐 둥근 원을 크게 벌리고, 불지 않을 땐 원을 줄이는 게임이다. 그러다 누군가 손을 놓치면 다 같이 "빵!"이라고 외친 후 신나게 웃고 춤춘다.

'몇 명 손잡기' 게임을 했다. 어린 나이에도 같은 성별끼리만 손을 잡으려고 해서, "남녀 섞어서 4명씩 모이세요!" 같은 조건을 주었다. "검은 옷 입은 친구 포함해서 5명!" 같은 나름 복잡한 조건을 주었는데도 척척 잘 해낸다.

∿∿∿

피날레 삼아 '해결 불가능한 문제'로 22명 손잡기 문제를 줘봤다. 잠깐 망설이더니 "22명 하려면 선생님까지 해야 해!"라며 내게 달려온다. 우린 21명인데 22명이 어떻게 손을 잡냐며 당황하길 바랐는데, 너무 쉽게 해결한다.

∿∿∿

학생 : 선생님, … 있잖아요. … 저, 선생님 좋아요.

나 : 그래, 그렇게 잘 해주는 데 좋아야지.

학생 : ?????

∿∿∿

급식실에 들어가면서 왼쪽 줄로 가라고 했다. 아차, 이거 아직 구분 못 하는데 하고 봤더니 용케 맞게 가고 있다.

∿∿∿

학생 1 : 아이스는 뭐고, 아이스슈는 뭐야?

학생 2 : 차가운 거. 차가운 빵이야.

학생 1 : 그럼 빵이 영어로 슈야?

생각보다 지적인 추론이 이어지는 가운데 나는 한 마디도 끼어들지 않았다. 똑똑한데 1학년?

27일 차 교과서 나누기

옆 건물로 가서 교과서 나누기 전쟁을 했다. 글자를 덜 뗀 학생에게는 8권의 서로 다른 교과서를 구분하는 것부터 본고사급 난이도다. 국어-㉮, 국어-㉯, 국어생활, 수학, 수학익힘, 봄, 여름, 안전한 생활….

1학년에겐 교과서 8권이 무겁다. 교과서는 알다시피 굉장히 얇고 작다. 하지만 학생들도 얇고 작다. 몸의 크기로 유추해보면, 성인에게 브리태니커 백과사전 8권을 들게 하는 것과 비슷한 어려움이 아닐까?

그래서 행동을 단순화시키고 분리해야 했다. 급식을 받는 것처럼 한 줄로 선 뒤, 한 권씩 차례대로 집으라고 했다. '~처럼'하라는 전략은 매우 효과적이었다. 책을 받은 학생들이 "어디에서 기다려요?" 라고 스스로 물어보게 하는 것까지 완벽했다.

이제 교과서를 확인할 차례다. 앉은 자리 왼쪽에 가져온 책을 쌓게 했다. 아직 각자 정의하는 왼쪽이 서로 다르기 때문에 내가 손을 들고 이쪽이라고 해주었다. 한 권씩 확인했다.

나 : 봄 찾으세요. 찾았으면 머리 위로 번쩍 드세요.

머리 위로 책이 올라오는 시간이 제각각이다. 다른 책을 드는 학생들도 꽤 있다.

복도라는 낯선 환경에서 학생들의 인지 · 판단 능력은 더욱 저하된다. 책을 8권까지 세는 것도 어려워한다. 숫자를 세는 것과 물건을 세는 것은 다른 일이다.

학생 : 하나, 둘, 셋, 넷…. 어? 몇 까지 셌더라…? (실제로 한 말)

오랜 사투 끝에 교실로 돌아왔다. 이름을 쓰기 위해서 책이 몇 권인지 다시 세어보라고 했다. 그래도 홈그라운드(교실)라고 인지기능이 조금 회복되었는지 조금 전보다는 잘 센다. 네임펜으로 이름을 쓰게 했다.

학생 1 : 선생님, 저는 국어-㉮ 없어요. ㉯만 두 권이에요.

학생 2 : 저는 안전한 생활이 없어요.

어떻게 이런 일이 가능한 거지?

_____초등학교라고 쓰여 있는 곳에 우물[12]만 쓰면 돼

그게 바로 문자열 포매팅[13]이란다.

물론 모든 학생이 문자열 포매팅을 잘하지는 못한다. 1학년학년, × 반 반이라고 쓴 학생이 간혹 있다. 돌아다니면서 지우개로 일일이

12) 편집자 주 : 우물은 저자가 재직 중인 초등학교의 가명(假名)입니다.

13) 컴퓨터 용어로, 사용자가 문자열의 포맷을 지정하는 것을 말합니다.

지워주었다. 마술사 같단다.

학생 : 선생님, 저 다했어요.
지그시 쳐다보고 웃었더니 자기도 웃는다. 그리고 다른 친구를 도와준다.

학생 : 우리 모둠 다했어요.
지그시 쳐다보고 웃었더니
학생 : 옆 모둠 친구 도와줘도 돼요?
고개를 끄덕였더니, 반 전체가 재능 기부의 축제 현장이 되었다.

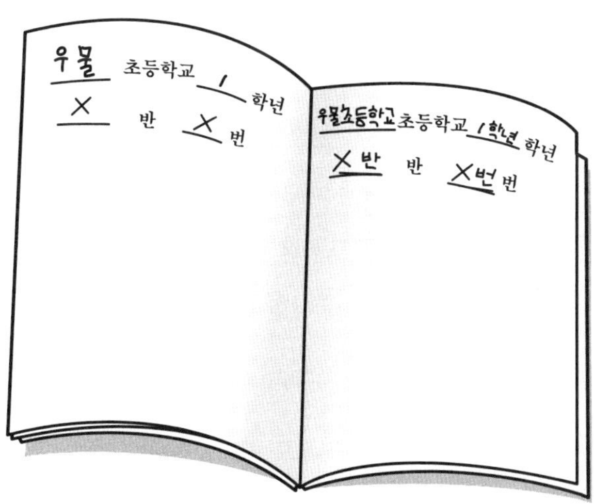

잘된 예 못된 예

"우물초등학교초등학교 교사 교사 김도용"

28일 차 책상 위치 바꾸기

두 학생에게 책상 위치를 서로 바꾸게 해봤다. 아니나 다를까 책상이 서로 부딪친다. 어떻게 이동하냐며 둘이서 고민한다. 계속 지켜봤더니 책상 한 개를 빈 곳으로 뺀 후 원위치시킨다. 오오…. 임시변수를 생각해 내다니….

우주에 대해 배웠다. 수금지화목토천해를 아는 학생도 있다. 태양이 얼마나 큰지, 우리 은하가 얼마나 큰지를 상상하게 해주고 싶다. 학생에게 크다는 그냥 큰 거다. 크다는 느낌을 안다는 것이 신기했다. 한 학생이 자기 어머니는 우주에 다녀왔단다. 역시 1학년은 뻥의 스케일이 다르다.

다양한 얼굴형과 머리 모양을 조합해서 친구 얼굴 그리기를 해보았다. 그런데 선호하는 얼굴형과 머리 모양이 비슷하다. 남녀 가리지 않고 일단 네모 얼굴(턱이 네모난)은 싫단다. 남자는 삐죽 머리, 여자는 머리에 핀을 꽂은 스타일을 좋아한다. 무엇의 영향일까?

친구 도와주기의 부작용이 나타나고 있다. 친구 도움이 필요 없다는 학생이 있다. 도와준다는 핑계로 가서 노는 학생들도 발생한다. 우선순위를 정해주고, 도와줄 수 있는 사람을 한 명으로 제한했다.

통제구역이 뭐냐고 묻는다. 위험하다고 했더니 죽을 수도 있냐고 묻는다. 사람은 왜 죽느냐고 물어봤더니 다양한 의견이 나온다. 귀신, 전기, 총… 이런 대답들이 나온다. 종합해보면 아이들이 말한 순서대로 죽음과 가깝다고 느껴 무서워하는 것 같다.

학생 : 예근(가명)이가 제 티셔츠에 얼룩을 묻혔어요.

나 : 예근이가 묻히는 걸 봤어요?

학생 : 화장실에서는 없었는데, 교실 들어오니깐 묻었어요. 근데 교실에는 예근이가 있었어요.

음…. 그럼 예근이가 옷에 얼룩을 묻히는 염력이라도 썼다는 걸까? 같은 교실에 있었다는 것만으로 자기 옷에 얼룩을 묻혔다고 생각하다니 꽤 대범한 해석이다. 어떻게 고쳐주면 좋을까?

여자 화장실에 들어가려고 한 남학생이 있다. 사안이 심각하다고 판단해 따로 불러내서 왜 그랬는지 물었다. 남자 화장실보다 여자 화장실이 깨끗해 보여서 그랬단다. 아, 맞다! 아직 1학년이지….

진짜 아무것도 모르고 한 것 같다. 남자랑 여자가 어떻게 다른지부터 차근차근 이야기해 주려고 했으나, 어떻게 말을 이어가야 할지 막막하다.

학생 1 : 뱀 어떻게 써요?

나 : 모둠 친구 중에 도와줄 수 있는 사람?

학생 2 : 저요!

학생 3 : 선생님은 '뱀' 모르는 거 아니야?

뱀을 왜 몰라? 내가 뱀띠인데….

누가 뭘 할지 정하는 것이 참 어렵다. 학생들에게 랜덤은 공평하다. 그러나 자신이 연속으로 안 걸리면 공평하지 않다고 생각한다. 공평하지 못하다 느끼면 다툼의 명분이 된다.

길다는 느낌을 한 번 제대로 느껴볼까요?

29일 차 지각의 기준

자기보다 늦게 오면 무조건 지각했단다. 생각해보니 늦게 왔다는 표현을 모르는 것 같다. 밥을 다 먹고 나서도 그만 먹어도 되냐고 묻는 것처럼.

급식에서 밥을 남기는 이유(혹은 변명)는 두 가지다.

학생들 : 배불러서 못 먹겠어요. / 매워서 못 먹겠어요.

이 중 매워서 못 먹겠어요는 비교적 최근에 유행(?)하고 있는 이유이다. 그래 매운맛은 통각이니까 어쩔 수 없지.

지난번까지 막 소리 지르고 뛰던 학생이 오늘은 소리만 지르다가 자기 입을 틀어막는다. 기특해서 복도로 데리고 나갔다. 또 펄쩍 뛰고 싶으냐고 물으니 그렇단다. 잘 참았으니 선생님이랑 같이 하자며 둘이 복도에서 팔벌려뛰기(?)를 했다

학생과 교실에 돌아오니 화장실 가고 싶어 하는 학생들이 한 줄로 서 있다. 화장실 가는 허락을 받기 위해 한 줄로 기차를 하고 기다리는 재밌는 1학년.

학생 : 선생님, 책상을 흔들면 책이 자꾸 쏟아져요.
나 : 네, 귀신 때문에 그래요.
학생 : ….

학생 : 오늘은 진짜 재밌어서 동그라미 3개 쳤어요.
독서 기록장은 △, ○, ◎로 기록한다. 그런데 동그라미 세 개가 등장했다. 새로운 기호는 필요에 의해 만들어진다. 공부를 하다 보면 자신이 필요하다고 여기는 것보다 많은 기호가 등장해서 지루하다고 생각할 때가 올 거다. 그때 꼭 오늘 일을 기억했으면 한다.

도서관 교육을 했다. 나는 어릴 때 도서관 입구에 있는 도난 방지 장치를 참 두려워했다. 그 경험을 살려 책을 그냥 들고 나오면 감옥 갈 수도 있다고 했더니 오히려 더 신나 한다. 다른 친구들이 같이 있어서 용기가 나는 건가? 나중에 한 명씩 있을 때 어쩌나 봐야지.

도서관의 높은 책꽂이를 미로 삼아 노는 학생이 있다. 너무 소란스러워지지 않도록 주의시켰다. 나도 어릴 때는 저렇게 논 기억이 있다.

이름표를 잃어버렸다고 너무 해맑게 웃길래, 선생님은 이름표가 없어져서 너무 속상하다고 했다. 그제야 같이 속상해한다.

학생 : 어제는 내가 했으니까 오늘은 니가 해!
순서를 정할 때 무조건 가위바위보를 하다가 다음 대안을 찾은 것 같다.

화장실에 같이 가고 싶은 친구가 먼저 가버려서 속이 많이 상한 학생이 있다. 상황을 받아들이고, 그럴 수도 있다고 자기에게 위로하는 방법을 가르쳤다. 앞으로 이런 일은 얼마든지 있으니 말이다. 그래, 세상 사람이 항상 네 마음과 같을 수는 없단다. 곧 추스르더니 '동대문을 열어라'라는 놀이를 하는 학생들과 섞여 논다.
다음 쉬는 시간에 요의 없이도 같이 화장실을 다녀오는 것으로 마무리되었다. 섭섭한 마음이 들 때는 자기 자신에게 잠기지 않는 것이 무엇보다 중요하다. 대화한다고 무조건 해결되는 건 아니겠지만, 대화도 안 해보고 원망을 숙성시키는 것보다는 훨씬 낫겠지.

30일 차 아버지의 이름

'바르게 듣는 자세'를 주제로 수업을 했다. 가장 즐거웠던 활동이 친구가 바르게 앉았는지 살펴보고 잘못된 점을 말해주는 것이었단다.

뒤가 비치는 스티커를 보고 신기해하길래, 색깔 그림자를 만들어주었다. 그림자가 색이 있다는 것에 나름 문화 충격을 받은 것 같다. 셀로판지 놀이를 빨리 해 보고 싶다.

"아버지", "어머니" 읽는 법을 배우고 나서, "지버아", "니머어"처럼 글자 순서 바꾸어 읽기를 했다. "우리 가족"…은 거꾸로 못 읽겠다.

아버지, 어머니 이름 쓰기를 했다. 부모 이름 석 자를 못 쓰는 불효자가 속출한다.

학생 1 : 선생님, [경] 어떻게 써요?

학생 2 : 우리 엄마 이름에도 [경]이 들어가는데….

나 : 그럼 윤희(가명)가 알려줄래?

학생 2 : 아, 근데 까먹었어요.

학생 : 선생님, 우리 아빠 이름[휀씌퓽(가명)]이 좀 부끄러워요.

나 : 선생님은 네 아버지 이름이 엄청 멋지다고 생각해!

이름 쓰는 칸이 5칸이다. 두 칸은 어떡하냐 물어서 일단 가만히 있어 봤다. [**김도**짜**용**짜], [**김도**자**용**자], [**김도용**아빠], …. 어떤 학생은 [박대자기자]라고 썼길래, 아버지 직업이 기자인가 싶었는데, 그냥 성함이 **박대기**(가명)였다.

나 : 바구니가 뭔지 알아요?

학생 1 : 가위, 풀 담는 거요.

나 : 또 뭘 담을 수 있을까요?

학생 2 : 돼지요!

나 : 돼지를 어떻게 담아요?

학생들 : 수육 같은 거요. / 양도 담을 수 있어요! / 황소도 담을 수 있어요!

마라탕집이나, 황소돌판곱창 같은 곳에서 식사한 기억이 났나 보다.

사물함에 책 세워 정리하기를 다시 가르쳤다. 세워도 세워도 사물함 속 책이 넘어지는 걸 어떻게 해결하나 계속 지켜봤더니 두루마리 휴지나 물티슈 곽, 색연필을 이용해가며 나름의 건축물을 세우고 있다. 제법인데?

한 학생이 고사리 같은 손으로 웹브라우저 크롬 아이콘을 찾아서 주소창에 ㅊ, ㅐ, ㅇ, ㄷ, ., ㅐ, ㄱ, ㅎ(code.org의 한글 입력)을 눌렀다.

학생 : 선생님, code.org(영어 알파벳) 누르는 게 더 쉬운데요?

드래그 앤 드롭[14] 훈련(?)을 했다. 자꾸 마우스를 놓친다. 마우스는 연필이랑 똑같은 것이라고 가르쳤다. 한 획 쓰고 연필을 내려놓지 않듯이, 컴퓨터 할 때는 항상 손에 쥐고 있어야 한다고 해주었다. 이제야 집중해서 잡는다.

국어책에 수업을 듣는 자세가 바른 친구를 찾는 문제가 있다. 어떤 자세가 가장 나쁘냐고 물었더니 손을 머리에 올리고, 다른 곳을 쳐다보는 학생이 가장 나쁘단다. 뒤돌아보는 친구가 1등일 줄 알았는데, 이유가 뭐였을까?

어느 자세가 바른 자세일까요?
(출처 : 초등학교 1학년 국어 1-1(가) 교과서, 1단원)

---

14) 컴퓨터 마우스로 어떤 객체를 원하는 곳으로 끌고(drag) 간 다음에 놓는(drop) 것을 말합니다.

31일 차 가족 간 오해

한 학생이 얼굴이 울상이 되어 등교했다. 계속 웅얼거려 무슨 말인지 통 알아들을 수가 없다. 진정도 시킬 겸 나가서 이야기할까 물으니 나가잔다.

처음으로 하는 말이 엄마가 전화하지 말라고 했다는 것이었다. 계속 이야기해 보라고 했다. 미국 CNN 방송 듣는 것처럼 맥락과 단어 중심으로 조합해서 해석했다. 결과는 다음과 같다.

오빠랑 싸움 → 아빠한테 혼났다 → 엄마가 집에 올 때 전화하지 말라고 함 → 그럼 집에 혼자 가야 함 → 집 비밀번호를 모름.

'설마 어머니가 그렇게까지 했겠어?'라는 생각에 어머니께 전화를 드렸다. 오빠와 싸운 것과는 상관없이 오늘부터는 엄마가 마중을 나오지 않기로 약속한 것이었다. 어머니와 통화를 마치는 데 짐짓 터져 나오는 웃음을 감추고 학생을 바라보며 생각했다.

'저기요. 당사자끼리 이야기가 다 되신 거죠?'

아픈 애들은 손만 잡아줘도 낫는다. 놀라운 기적이다.

책이 찢어지면 무조건 들고 온다. 아무리 조금 찢어졌더라도 말이다. 어떤 성의라도 보여야겠기에 테이프를 붙여준다.

32일 차 체력은 국력

인터벌 테스트를 했다. 운동장 트랙 반 바퀴 뛰기, 10초 쉬기, 다시 반 바퀴 뛰기. 한 5번 했더니, 죽을 것 같단다. 심폐는 그만하면 되었고, 다리 찢기, 제자리 멀리뛰기, 철봉 매달리기로 이어갔다. 얘들아, 체력은 국력이란다.

∿∿∿

나 : (학습지를 건네며) 우리 1학년 ×반 친구들처럼 예쁘게 꾸며주세요.
학생 : 네!

∿∿∿

학생 : 키읔 다음이 뭐에요?
금방 떠오르지 않아 머뭇거렸다. 우리도 알파벳 순서를 갑자기 물어보면 헷갈리잖아. 알파벳은 노래로 외우는 걸 생각해보았다. 교가에 "가나다라마~ 바.사. 아자차카타.파.하~"와 같이 리듬을 붙여 같이 노래로 불렀다.

∿∿∿

어려워서 친구 꺼 보고 따라 하려고 했는데, 친구가 못 보게 해서 울었단다. 녀석들 참….

친구가 놀렸다길래 둘 다 불렀다. 자초지종을 물어봤더니 같이 운다. 왜 우냐니, 미안해서 운단다. 서로 사과하라니 부둥켜안는다. 미안한 마음이 북받친 모양이지만 끌어안고 대성통곡하는 아이들을 지켜보는 나는 뭔가 크게 잘못한 것 같아 몹시 난처해졌다.

'라이어' 게임을 했다. 3명 중에 거짓말을 하고 있는 1명을 찾는 게임이다. 일종의 마피아 게임 같은 것이다. 문득 고민이 들었다. 1학년은 거짓말을 어떻게 판별할까? 어디서 논리적으로 모순이 되는 점을 찾아낼까?

마지막에 혼자 남아 밥 먹고 있는 학생을 기다렸다. 다 먹었단다. 일어나자고 했더니 입에 있는 거 다 먹고 일어나겠단다. 그래, 집에서 배운대로 차근차근.

희옥(가명)이가 자기를 쳤다고 울상이다. 사과하긴 했는데 아직 조금밖에 안 했단다. 다툼이 있었던 아이를 모두 불렀다.

나 : 희옥아, 낙원(가명)이가 안 아플 때까지 사과하면 어떨까?

낙원 : 저 근데 이제 안 아픈데요?

손발이 안 맞네….

33일 차 도서관 이용하기

학생 : 오늘도 책 반납하고 다시 빌릴 거에요? 오~예!

도서관 이용 자체가 하나의 역할놀이다.

∿∿∿

학생 : 현경(가명)이가 머리 풀고 오니깐 더 예쁜 것 같아.

이 말만 들으면 여자친구의 외모를 평가하는 것처럼 들리겠지만, 성애와 구분되는, 친밀감을 표현하는 방식이다.

∿∿∿

도서관에 갔다가 돌아오는 길에,

학생 : 쉬는 시간에 도서관 가도 돼요?

나 : 뭐하려고요?

학생 : 형이 가도 된다는 데 궁금해서요.

나 : 지금 다녀온 곳이 도서관이야.

학생 : 아….

∿∿∿

만화책을 볼 때 그림만 보는 학생이 있다. 복도로 불러서 같이 대사(글)를 읽으며 만화책을 봤다. 혼자서도 이렇게 읽어보라고 했더니 알았다며, 교실로 들어간다. 그리고 교실에서 혼자 소곤거린다.

학생 : 손오공, 거기 서랏!

잠시 후 그 학생이 다시 온다.

아까 그 학생 : 선생님, 그렇게 읽으니까 더 재밌어요.

좋아하는 물건 그리기를 했다. '유튜브와 핸드폰, 노트북' 등 전자기기(?)가 70%쯤 나왔다. 그 외에는 토끼인형, 가위, 필통 같은 것들을 그렸다.

나 : 알림주머니에 선생님 줄 거 가지고 온 사람은 가지고 나오세요.

앗, 말하고 보니 뭔가 이상하다. 방과후 신청서 얘기한 건데….

학생 1 : 선생님, 풍신(가명)이가 화벽(가명)이 좋아한대요!

학생 2 : 결혼할 거래요!

학생 3 : 유치원 때부터 좋아했대요!

심드렁한 얼굴로 쳐다봤다. 오래가진 않을 텐데….

학생 : 선생님, 저 커서 아이돌 될 거예요. 사람들 앞에서 노래 부를 건데 부끄러워서 못 불러요.

한 문장 속에 우리의 성장주기 들어있다. 꿈을 품고, 노력하고, 좌절하고, 현실을 인식하던 어른의 모습이다. 그래도 선생님은 너희가 꿈을 이루기 위해 최선을 다해봤으면 좋겠어.

34일 차 저, 남자친구 생긴 것 같아요

모둠에서 한 명씩 돌아가면서 나가는 것이 불공평하다는 학생이 있다. 이유를 말해보라니 자꾸 쟤만 나간단다. 다른 두 학생에게 물어보니 그런 적 없단다.

나 : 기윽 써보세요.
학생 : 기역이에요.
나 : 선생님이 잘못했어요. 맞아요, 기역이에요.
최세진 선생님…. [15] 죄송합니다.

ㅏ는 발사하는 소리라고 가르쳤다.
나 : 얘들아, ㅏ 발사!
학생 : 아!
나 : 윽, 선생님이 맞아서 너무 아프네. 그래서 아파할 때 '아'가 들어가는 거예요.

ㅓ는 먹는 소리라고 가르쳤다.
나 : 선생님이 ㅏ하면 여러분들은 ㅓ하고 먹으세요.

---

15) 조선 전기의 어문학자로, 1527년(중종 22) 『훈몽자회』를 편찬하고 한글 자모 이름을 붙였습니다.

나 : 아!

학생들 : 어~~

나 : (학생이 만든 작품을 주며) 집에 어머니 갖다 드리세요.

학생 : 엄마 독감 걸렸는데요.

나 : ….

아이엠그라운드 규칙이 익숙해져 말 바꾸기가 된다. 딸기 둘, 딸기 넷만 하다가 기습적으로 던진 수박 둘, 이제 따라 할 수 있다.

이어달리기를 했다. 트랙을 가로지르는 학생, 배턴을 주자에게 주고 앞으로 달려나가 주자를 가로막는 학생, 배턴을 주고 주자를 껴안아 버리는 학생, 그리고 배턴을 받고 다음 친구에게 주지 않고 그냥 줄로 들어가는 학생. 규칙에 상관없이 1학년 리그도 각별한 박진감을 준다.

1학년에도 수학 선행돌이[16]가 있다. 유치원에서 배워서 곱하기도 할 줄 안단다. 근데 1×1을 물어보니 0이라고 답한다. 왜 일까?

수준을 낮춰 7+7을 물어봤다. 그건 모른단다. 1+1, 2+2, 3+3부터 차례대로 물어봤다. 잘 대답하는데, 6+6부터 막힌다.

---

16) 학원이나 가정학습으로 진도에 앞선 공부를 해오는 학생을 말합니다. 장단점이 있지요.

학생과 같이 이동중인데, 5학년 학생들이 계단에서 3~4칸 뛰어내리기 놀이를 하고 있었다. 너네 이러면 1학년이 따라 한다고 말해줬더니 멋쩍게 웃으면서 사라진다.

마찬가지로 5학년 학생들이 어깨동무를 하고 우르르 앉아 복도를 막고 있길래, 1학년이 무서워한다고 얘기하니 웃으며 사라진다. 어른에게 혼나는 것보다 동생들을 더 생각하는 착한 5학년이다.

학생 : 선생님, 이거 걸렸어요.

나 : 응, 빼보세요.

학생 : 빠졌어요.

나 : 잘했어요.

작년까지는 스스로 알아서 하도록 지켜보던 6학년 선생님이었다. 이제는 하나하나 차근차근 알려준다. 나는 1학년 선생님이니까.

학생 : 저, 남자친구 생긴 것 같아요.

나 : 누구예요?

학생 : 안 말해줄 거예요.

대체 왜 말한 거야?

35일 차 양말이 똑같아요

학생 : 아프면 할머니가 화장실 가서 전화하래요. 목이 너무 아픈데 할머니한테 전화하면 안 돼요?
전화를 하면, 아마 집에 가자고 하실 것 같다고 해주었더니 그럼 안 하겠단다. 돌아서는 모습이 제법 씩씩하지만, 걱정도 되었다.

지각한 학생이 교실로 들어오며 인사를 한다. 다들 책을 읽느라 조용하던 교실에 인사 소리가 쩌렁쩌렁 울린다. 아직은 다른 사람의 입장에서 생각하는 것이 어려운 1학년이다.

학생 1 : 희주(가명)꺼랑 제 꺼랑 양말이 똑같아요.
학생 2 : 진짜? 나도 보여줘.
순식간에 모여드는 학생들. 그게 그렇게 신기하더냐?"

나 : 이건 배야.
학생 1 : 요트 아니에요?
학생 2 : 사탕이라고 써요? 캔디라고 써요?
한글 공부보다 '신기한 영어나라'를 먼저 했나?

학생 1 : 색연필 잘못 칠했어요.

학생 2 : 괜찮아 지우개로 빡빡 지우면 될걸? 빡빡 문지르면 다 지워져.

친구의 고민을 해결해주려는 마음은 예쁘지만 그러다 책에 구멍 날 텐데.

친구를 인터뷰(좋아하는 음식, 색깔, 물건)했다. 먼저 친구에게 다가가 인사를 한다. 좋아하는 음식을 묻는다. 대답을 듣고 자리로 돌아와서 쓰는 활동이다.

근데 움직이지 않고, 가만히 자기 자리에서 친구가 들을 때까지 소리만 지르는 학생이 있다. 친구랑 가까이서 얘기하면 더 즐거울거라고 얘기해주었다. 실제로 하고 보니 친구의 말을 듣고 글씨로 옮겨 쓰는 시간이 생각보다 오래 걸린다.

철자 관련 질문이 속출한다.

학생 1 : 검은색 어떻게 써요?

학생 2 : 폰 어떻게 써요?

학생 3 : 초콜릿 어떻게 써요?

교사가 답하기도 전에 가르쳐주겠다며 일어나는 또래 선생님의 모습은 보기 좋았지만, 결국 내가 전부 칠판에 써줘야 했다. 그랬더니 다들 알겠단다. 심지어 가장 먼저 일어난 또래 선생님조차도….

학생 : 빨, 어떻게 써요?

나 : (칠판에 쓸 준비를 하며) '빨간색' 할 때 '빨'?

학생 : 아, 알겠어요.

좋아하는 물건에 [떡메]가 등장했다. 응?

얇게 튀김옷을 입힌 닭 날개가 급식에 나왔다. 우리 반 학생이 가장 많이 먹은 최고기록은 10조각이었다. 잘 먹는다고 칭찬해주었더니, 먹방 찍고 싶단다. 어떻게 하는 거냐고 물었더니. 자기들 먹는 거를 영상으로 찍어 유튜브에 올려달란다. 뭔가 배우고 싶고 배울 것이 한가득이구나. 어디서부터 어떻게 가르쳐야 할까? 두근거린다.

학생 : 선생니(앞니가 없음), 누가 저한테 이씨~ 라고 했어요.

나 : 누가 그랬어요? (그러게 넌 김씨인데….)

학생 : 누군지 몰라요.

나 : 그럼 선생님도 도와줄 수가 없는데, 그 학생에 대해서 아는 걸 좀 알려줄래요?

학생 : 잊어버렸어요.

교실에 들어오니 학생 두 명이 가운데에 있고 다른 학생들은 빙 둘러 서서 지켜보고 있다.

학생 : 얘네들 쇼하고 있어요.

나 : 그래, 해 보세요.

학생 : 보여줄게요.

살사 댄스 같은 돌리기로 커플 댄스를 춘다. 허허….

학생 : 선새니, 편지요. (오타 아님)

나 : (흐뭇)

부끄러워서 말을 못 했답니다. 1학년 담임이라서 이런 편지도 받습니다.

36일 차 민들레 씨앗 날리기

나 : 주말에 무엇을 했나요?
학생들이 말하고자 하는 의욕이 과하여 모둠끼리 이야기하라고 했다.

'즐겁게 춤을 추다가 그대로 멈춰라' 놀이, '전기 보내기' 놀이가 유행이다. 자기들끼리 놀다 보니 점점 규칙도 복잡해지고, 벌칙도 공평해지고 있다. 나랑 노는 것보다 훨씬 낫네.

학생 1 : 선생님~, 안 보여요.
학생 2 : 난 보이는데?
안 보이는 사람도 있으니 다시 써주겠다고 했다. 아직 내가 보는 것과 다른 사람이 보는 게 다르다는 걸 아는 건 좀 어렵지?

꽃을 보러 갔다. 학생들에게 민들레 씨앗을 후~ 불어 공중에 날리며, 씨앗을 잡아보라고 했다. 열광의 도가니가 되었다. 웬만한 콘서트장 부럽지 않은 열기였다.

잡은 씨앗은 화단에 옮겨 심어보라고 했다. 마침 도깨비바늘이 보여 사람 몸에 붙는 이유를 설명해주고 학생들 옷에 붙여주었다. 그리고 멀리 가서 심게 했다.

쑥을 뜯어 향을 맡게 했다. 풀 냄새란다. 쑥을 뿌리까지 캐서 옮겨 심어 봤다.

집에 콩벌레랑 바퀴벌레가 무지 많은데 자기가 다 없앴단다. 수많은 벌레를 처치한 무용담을 들어보니 차라리 세스코를 부르는 게 낫지 않았나 싶은 생각이 든다.

이제 점심을 꽤 빨리 먹는다. 다 먹고 바람 쐬러 가고 싶단다. 수업 시간에 늦을까 걱정되었지만, 긴바늘이 2에 올 때까지 돌아오라며 보내주었다. 5분 전에 들어왔다. 그리고 아직 밑에서 놀고 있는 학생이 있다며 자기가 데려오겠다고 한다. 기특하다.

치약 뚜껑을 잃어버린 학생이 울었다. 구멍 안에서 꺼내고 싶은데 너무 깊숙이 들어갔단다. 서럽게 우는 모습이 안쓰러워 먼저 마음을 다독여 주었다. 그리고 곁눈질로 견적(?)을 파악했다. 아이가 좀 진정되자 칠판용 거대 삼각자를 밀어 넣어 빼주었다. 종종 남자는 감정에 공감하지 않고 해결만 하려 한다는 비판을 받곤 한다. 아마 과거의 나였다면 나도 꺼내줄 테니까 울지 말라고 하고 꺼내기부터 먼저 했겠지. 나도 변하나 보다.

37일 차 컴퓨터 공부를 도와주는 귀신

책 읽어주는 부모님 활동을 했다. 『아빠, 나한테 물어봐』라는 책을 읽어 주고, 아빠가 좋아하는 것을 물었다. 회식, 술, 외식…. 분위기에 휩쓸린 탓도 있겠지만, 학생 눈에는 아빠의 그런 모습들이 기억되는가 보다.

∿∿∿

1보다 크거나 작은 숫자 말하기를 했다. 머리로는 이해하는 것 같은데, 입으로 말하지를 못한다. '~보다'라는 단어가 좀 어려운가?

∿∿∿

그래서 일단 배열 개념으로 접근하기로 했다. 1부터 9까지 카드를 섞어놓고 순서대로 놓기를 했다. 단계별로 게임 형식으로 만들었다.

∿∿∿

1단계는 앞면 보이게 섞은 다음 작은 순서대로 놓기, 2단계는 뒤집어 놓고 섞은 다음 놓기, 3단계는 오른손만 써서 놓기, 4단계는 왼손만, 5단계는 1단계에서 큰 순서대로 놓기…. 게임 형식이 되니 확실히 집중도가 달라진다.

위 카드를 보고 고민하는 학생

머리가 너무 아프단다. 엄마한테 전화해달란다. 엄마한테 전화하면 집에 가야 하는데, 집에 가고 싶냐고 물어보니 그건 아니란다.

아프다는 학생과 보건실에 갔다. 정상 체온이다. 학생은 약을 꼭 받고 싶은 눈치다. 보건 선생님께 몰래 비타민을 하나 달라고 했다. 감기약이라 말하고 먹였다. 플라세보 효과가 있기를…. 학생은 내 집게 손가락을 붙잡고 교실로 돌아왔다. 머리는 이제 괜찮은데, 약이 너무 쓰단다. 그거 비타민인데….

점심시간에 바람 쐬러 가고 싶다는 친구가 늘었다. 표현이 재밌다. 밖에 나가 논다도 아니고 바람을 쐰다니. 시간을 착각하여 두 명이 3분 늦게 들어왔다. 미안해하면서 들어오길래 째려만 보고, 혼내진 않았다.

나 : 다 한 사람은 선생님께 내세요.

학생 : 전 다 안 했어요.

예상 범위 내의 대답이다. 그저 따뜻한 눈빛에 서둘러라는 응원의 말을 가득 담아 보내주었다.

컴퓨터실에서 원격 조종 기능을 이용해서, 학생 모니터에 도움말(이거 눌러, 왼쪽 등)을 써주었다. 친구를 열심히 도와주는 학생들한테는 칭찬을 써주었다. 컴퓨터 공부를 도와주는 귀신이라고 소개했지만, 학생은 나를 의심한다. 내가 한 게 아니라고 극구 부인했다.

학생 : 난 유치원에서 안 배워서 몰라.

뭔가 복잡 미묘한 감정이 드는 말이다.

학생 1 : 얘가 침 뱉었어요.

학생 2 : 근데 일부러 그런 건 아니에요.

학생 1 : 근데 사과를 안 했어요.

나 : 사과할 기회 줄게요.

학생 2 : 미안해. 침 뱉어서.

학생 1 : 괜찮아.

38일 차 **우리 반 예송논쟁**

특별실로 이동하기 위해 복도로 나갔다. 한 학생이 너무 소란스러웠다. 교실로 들어오게 했다.

나 : 눈 감으세요, 무엇을 잘못했나요?

학생 : 복도에서 시끄럽게 떠들었어요.

나 : 좋습니다. 이제 잘할 수 있죠?

학생 : 네!

나 : 다시 복도로 조용히 나가세요.

눈 감고 나가느라 의자에 부딪히는 친구가 있었다. 아, 미안…. 눈 뜨세요.

물칠판을 지우는데 한 학생이 분필 자국이 우유처럼 흘러내린단다. 우유 좋아하냐니 그렇단다. 딸기우유와 초코우유 중 무엇이 더 좋냐고 물었다. 각자 왜 그 우유가 좋은지 끝도 없는 토론이다. 괜히 물었다. 우리 반 예송논쟁의 시작이다.

강당에서 다른 반과 함께 공연을 보기 전 감상 예절을 지도했다. 영화관에 빗대어서 설명했다.

나 : 영화관에 가면 어떻게 하지요?

학생 1 : 영화관에 갔는데 쉬 마려워서 참았어요.

학생 2 : 우리 영화 봐요?

학생 3 : 공연 본다고 하셨잖아!

복화술 공연을 무척 즐겁게 봤다. 인형의 한 마디에 들썩이는 학생의 모습이 웬만한 클럽 파티보다 활기차다. 내 눈에도 꽤 신기하게 보였는데, 아이들에게는 오죽했을까? 다시는 아동극을 무시하지 마라!

복화술을 교육학에서 말하는 스캐폴딩[17] 이론으로 받아들이니 더욱 흥미롭다. 아직 객체 구분이 안 되는 학생에게 복화술 인형은 선생님(학습 목표)에게 다가가는 훌륭한 디딤돌이 될 것 같다. 연극을 보며 나도 몰래 복화술을 연습했다. 근데 '므브프' 소리는 어떻게 내는 거지?

학생들은 '똥, 못생겼다, 웃기게 생겼다'는 표현을 싫어한다. 한편으로 슬펐다. 외모에 대한 자각과 비교는 언제부터일까?

급식실에서 밥 먹는 중에 한 학생이 달려온다. 정균(가명)이가 밖에서 넘어졌단다. 아직 식사 중인 학생들에게는 먹을 수 있는 데까지만 먹고 정리하라고 말한 채 헐레벌떡 뛰어갔다. 다행히 상처는 없다. 그러나 윗옷 앞면이 진흙 범벅이 되어 있다. 우는 학생을 위로하

17) 디딤돌이라는 뜻으로 학생이 지금은 할 수 없지만, 디딤돌을 밟고 할 수 있도록 도와주는 소재를 말합니다.

며 옷을 물티슈로 닦아주었다. 더 이상 안 지워지길래 친구 셋과 함께 화장실로 보냈다. 물을 손에 담아 닦는 것을 보여주고 해보라고 했다. 10분 정도 하고 나니 꽤 지워졌다. 어느새 학생의 눈물도 다 지워져 있었다.

∿∿∿

학생 : 이거~ 주인!

네임펜 뚜껑을 들고 학생이 외친다. 아무런 대답이 없다. 잠깐 기다리다가 우리 반 분실물 바구니로 달려가서 네임펜 뚜껑을 넣는다. 이런 일련의 행동들을 이끌어낸 생각이 흐뭇하고 기특하다.

∿∿∿

교과서 부록에 있는 점선을 못 뜯겠단다. 한쪽으로 접고, 다시 반대쪽으로 접어 깔끔하게 뜯는 걸 보여주니 웃는다. 고개를 끄덕거리더니 씩씩하게 들어간다.

∿∿∿

하교 후, 교실로 전화가 왔다. 배움터 지킴이님이다. 한 학생이 아빠가 안 오셔서 입구에서 울고 있단다. 나가겠다 말하며, 학부모님에게 전화를 드렸다. 곧 오신단다. 오래 울었는지 히끅거리고 있었다. 평소에도 목소리가 작은 학생이라 그런지 울 때도 조용히 운다. 하지만 울음소리가 작다고 서러움도 작진 않을 것이다. 가만히 기한을 정하지 않고 달래주었다.

∿∿∿

아빠가 원래 저기 나와 있어야 하는데, 없어서 저기까지 가봤는데도 없단다. 아빠 핸드폰 번호를 몰라서 전화도 못 하는데 자기는 어떻게 하냔다. 내가 전화했으니 금방 오실 거라는 말에 조금 진정한다. 집은 어디냐 물었더니 xx사거리인거는 아는데 잘 모르겠단다.

10분쯤 기다리니 아빠의 실루엣이 저 멀리 보였다. 학생은 아빠에게 달려갔다. 멀리서 허리 숙여 인사했고, 그분도 내게 허리 숙여 인사했다. 학생은 아빠와 조금도 떨어지기 싫은지 아빠의 허리께를 안은 채 내게 인사를 한다. 웃어주었다.

공연 보기 전 줄서기와 관람 예절을 배웠습니다.

39일 차 립스팁과 립밤

한 학생이 립스틱을 바른다. 화들짝 놀라서 좀 보여달라고 했다. 품명은 마X스픽에서 출시한 에코 내츄럴 립밤이다. 정말 립스틱이랑 똑같이 생겼다. 이걸 사용하면 화장하는 기분이 들어 더 좋단다. 허허.

∿∿

한 학생이 다른 학생의 교과서를 찢었다. 그런데 일부러 한 것이 아니라 사과하기 싫단다. 책이 찢긴 학생은 담담한데, 오히려 찢은 학생이 더 화를 내고 있다. 교과서를 테이프로 붙여주었다. 그리고 둘은 서로 사과하게 했다. 안 하고 버틴다.

∿∿

아무래도 사과를 하면 자신이 일부러 한 게 될 거라고 생각하나 보다.
나 : 경애(가명)가 일부러 찢었다고 생각하는 사람?
아무도 손들지 않았다. 그 상황을 이해한 경애는 서러움을 담아 펑펑 울었다. 반성한다는 뜻일까? 분하다는 뜻일까?

∿∿

우는 얼굴을 응시하며 말했다.
나 : 다른 친구에게 피해를 줬으면, 사과를 해야 한다고 저는 생각합니다. 내 마음이 어떻든 간에 피해를 본 사람이 더 속상할 겁니다.

경애를 위로하려 다른 친구가 다가갔다. 그러나 돌아오는 대답은 "신경 꺼!" 사과 마일리지를 추가로 적립하고 있다. 잔뜩 독이 오른 복어처럼 성을 낸 채 앉아 있다. 일단은 가시에 찔리지 않도록 지켜보기로 했다. 아이들도 암묵적으로 동의하는 듯 보인다.

간단한 규칙성을 가르쳤다. 규칙성이 무슨 뜻인지 모르겠다고 해서 칠판에 oxoxoxoxo를 써줬다.

학생 : 이거 패턴이잖아요?

패턴이라는 낱말을 알아?

자문자답이 부쩍 늘었다.

학생 : 이거 색칠해요? 음, 색칠해야지.

손잡고 돌리기 놀이를 한다. 쎄쎄쎄에서 확장했다. 구리구리 가위바위보가 끝나고 신나게 돈다. 넘어지다 머리라도 쿵하면 어쩌나 싶어 자제시키지만, 그 재미를 쉽게 포기할 수는 없나 보다.

나 : 콘이 들어가는 낱말이 무엇이 있을까?

아이스크림콘, 콘샐러드, 잘 나가다가 코코넛이나 콧구멍도 나온다. 아니라고 하기엔 너무나 확신에 찬 눈빛이라 잘 말해줬다며 웃어주고, 칠판에 코코넛, 콧구멍을 써줬다.

점심시간에 밖에서 놀고 싶다는 문의가 늘었다. 1시 5분에 들어오게 안내했다. 약속시간보다 5분이나 일찍 들어왔다.

학생 : 선생님, 몇 신지 몰라서 일찍 들어왔어요.

물론 수업 시작 2분을 남겨놓고 아직 시간이 남았다며 나가서 놀고 오겠다는 학생도 있다.

국어 시간에 자음 카드를 가지고 단기 기억 놀이를 했다. 자음 카드를 순서대로 보여주면 잠시 후에 자음을 본 순서대로 말하는 것이다. 8일 차에 5개가 한계였다. 간단한 자음으로 하니 6개도 기억한다.

야바위를 했다. ㄱ, ㄷ, ㅂ 세 자음 카드를 보여주고 뒤집어 섞는다. ㄱ의 위치는? 생각보다 굉장히 잘 맞춘다. 보너스 게임에서는 밑장 빼기로 마술을 부려봤는데 걸렸다. 반칙하지 말라고 한다. 제법인데? 어디서 사기는 안 당하겠어.

상처가 나면 밴드를 붙여야 낫는다고 믿는다. 하지만 살짝 긁혀 밴드를 붙일 수 없는 상처도 있다. 그럴 때는 밴드 붙이면 더 아플 거라 말해준다. 그럼 눈이 휘둥그래져 붙이기 싫다며 들어간다.

40일 차 줄넘기는 금요일

학생 : 오늘 줄넘기하러 가요?

나 : 왜요?

학생 : 오늘 금요일이잖아요.

잘 기억하네.

학생 : 이빨 흔들려서 엄마랑 약속했어요. 제가 혼자 이렇게 뺄 거예요.

이를 한 손으로 잡고 이마를 치는 시늉을 한다.

나 : 긴 바늘 1에 갈 때까지 놀아요.

학생 : 지금 갔는데요?

나 : 아니, 지금은 1이 아니라 11이야!

제자리 뛰기를 했다. 무릎을 하늘까지! 시속 100km! 다양한 추임새에 신난 학생들. 그런데 누군가 익숙한 멜로디를 이상한 가사로 흥얼거린다.

학생 : 멋있는! 어린이! 많~고 많지만….

비하인드

관찰하기, 그리고 사랑하기

과학 교과는 3학년에 처음 배운다. 관찰과 추리를 구분하는 것으로 시작한다. 그런데 이게 꽤 어렵다. 그래서 그런지 어떤 어른은 [팩트]라는 낱말을 자신이 원할 때마다 뜻을 바꿔가며 사용한다.

《엄마, 학교 다녀오겠습니다》는 관찰을 중심으로 쓰려고 노력하고 있다. 아이만큼 순진한 어떤 교사의 눈으로 본 관찰은 관점이 가장 중요하다.

– 22년 전에 나는 어떤 학생이었을까?
– 아동에게 사고력(특히 컴퓨팅 사고력)이 어떻게 생겨날까?
– 아동 관계에서 권력은 어떻게 생겨나고 사용될까?

이런 관점에 대한 가설도 항상 가지고 있다. 가설에 답을 끼워 맞춰 관찰하는 오류를 범하지 않으려고 항상 주의하는 것을 잊지 않는다.

모든 사람은 자신만의 가르치는 스타일을 가지고 있다. 나는 [당연한 것 부정하기]를 무척 좋아한다. 그래서 마치 세상 모든 이치를 다 아는 것처럼 구는 6학년 학생과 궁합이 잘 맞았다.

하지만 1학년에게는 그런 기대를 할 수 없다. 여러 가지 의미로 아는 게 별로 없어서이다. 그래서 지금 발버둥치고 있다. 그리고 나는 이런 발버둥이 행복하다.

41일 차 **빌린 책 찾기**

출근길, 교문에서 학생을 만났다. 마스크를 쓰고 있었지만, 눈만 보아도 활짝 웃고 있다는 것을 알 수 있었다. 나도 웃어주었다. 그 웃음 속에서 고개 숙여 인사하는 예의범절보다 훨씬 더 깊은 반가움을 느낄 수 있었다.

사람과 만나면 인사하는 것을 좋아한다. 한 줄로 서서 이동할 때, 다른 반 친구와 만나면 인사하느라고 줄이 흐트러질 때가 많다. 운동장에 여러 반이 모이는 행사가 있으면 난리다. 이때까지는 그 혼란을 통제하느라 "니들이 이산가족이니?"라고 화를 냈지만, 앞으론 안 그럴 거다. 반가움이 먼저고, 표현하는 방법이야 천천히 배우면 되니까.

첫 번째로 등교한 학생이 하는 말, "쉬 싸러 가도 돼요?" 공부 시간에만 허락받으면 된다고 예전부터 말했지만, 공부 시간이라는 조건을 기억하기에는 아직 갈 길이 멀다.

학생 : 실내화 가방 어, 놓고 갔는데 어, 엄마가 어, 도서관에 어, 없어 가지고….

하고 싶은 말을 다 할 때까지 천천히 웃으면서 기다려주기

학생 : 약 발라도 돼요?
나 : 응?
학생 : 안 타는 거 발라도 돼요?
나 : 선크림?
학생 : 아니 입술….
립밤 말하는 거였구나.

아침 독서시간에 한 학생이 조용히 앞으로 나온다. 책상에서 몸을 빼내는 데 30초쯤 걸린다. 사투 끝에 앞으로 나와서 책을 내민다.
학생 : 선생님, 여기 파라사우[루]스가 있어요.

학생 : 엄마[한]테 갖다 줘야 하는 거 못 갖다 줬어요.
나 : 그게 뭘까요? 가지고 와 보세요.
(1분 후)
학생 : 가방에 없어요. 엄마가 저 잘 때 뺐나 봐요.
부모님은 위대하다. 그리고 집에 오면 제발 가방 좀 열어보라 말씀하시던 부모님이 생각난다.

도서관에서 빌린 책을 잃어버렸다고 울상이다. 도서관에서 조회를 해보니 빌린 이력이 없다. 잃어버린 줄 알고 얼마나 마음 졸였을까? 상황을 얘기해주니 아주 활짝 웃어서 내 마음이 다 행복했다.

주말에 있었던 일을 말했다. [짜]장면 먹었단다. 그래서 [자]장면 먹었다고 해주니 그게 뭐냐고 다들 웃는다. [짜]란다. 맞다. 둘 다 맞는 말이지. [습니다]로 바뀌고도 [읍니다]를 계속 쓰는 어른을 무시했던 지난날을 반성한다.

나 : 오늘은 선생님과 수업한 지 41일째 되는 날이에요. 150일만 더 하면 2학년이 될 수 있어요.

학생 1 : 선생님도 2학년 돼요?

학생 2 : 공부 못하면 2학년 못 가지 않아요?

나 : 선생님이랑 배운 것 중에 뭐가 재밌었어요?

학생들 : @#$%%&

한글 쓰기 공부 빼곤 다 재밌어한다. 고맙기도 하지만, 한편으론 괘씸하다. 이런 까막눈들 같으니….

27일 차부터 학생들을 종종 감자라고 부른다. 말 안 들으면 맛있는 감자튀김으로 만들어 버린다고 했다. 즐거워하는데, 곱씹어 보면 무척 잔인한 표현이다. 아, 내 별명은 왕감자다.

42일 차 우리가 1등이다

학생 1, 2 : 우리가 1등이다!

나 : 원희(가명)가 먼저 왔어요~!

학생 1, 2 : 선생님이랑 우리밖에 없어.

원희 왔었다니까….

학생 1 : 오늘 체육 없어?

학생 2 : 난 체육 싫은데?

학생 1 : 왜?

학생 2 : 난 어린이 때부터 체육이 싫었어.

학생 1 : 왜?

학생 2 : 귀찮아.

지금도 어린이면서, 그리고 '귀찮아'는 뭐니?

우리 반은 3인 1모둠이다. 모둠이 함께 과제를 끝내면 함께 나와 검사를 맡는다. 쓰기 학습지를 하는 데 순례(가명)가 울면서 나온다. 채희(가명)가 먼저 다 쓰고 나가려고 해서, 아직 자기는 덜 썼다고 하니까 채희가 시끄럽다고 했단다.

채희를 불러 자초지종을 물어보니 자기도 순례가 덜 쓴 걸 알고 있었단다. 그래서 그런 말할 시간에 쓰라고 시끄럽다고 말했단다. 자기는 빨리 썼는데 순례가 늦은 것도 짜증이 났단다.

두 학생을 복도로 불러냈다. 학교는 서로 이해하고 배려하는 곳이라고 타일렀다. 그러나 10분간 대화해도 서로의 탓을 하며, 말이 험해진다. 원래부터 자꾸 짜증 나게 했고, 신경 껐으면(실제로 한 말) 좋겠단다. 고민 끝에 말을 꺼냈다.

나 : 다른 친구를 배려하지 못하는 사람은 학교에 다닐 수 없습니다. 친구를 배려하는 방법을 더 배워야 합니다.

표정이 심각해진다. 학생 둘을 복도에 둔 채 앞문을 활짝 열고 반으로 들어왔다. 그리고 반 학생에게 물었다.

나 : 순례와 채희가 친구를 배려하는 방법을 배우려면 어떻게 해야 할까요?

학생들은 입을 다문다. 손들고 발표하라니까 서넛이 손을 든다.

학생 1 : 한 번만 더 기회를 주면 좋을 것 같아요.

학생 2 : 원래 친했으니까 기회를 주면 다시 친해질 수 있을 것 같아요.

복도에 있는 순례와 채희에게도 물었다. 그제서야 둘이 손을 꼭 잡고 잘못했다고 말한다.

나 : 두 학생이 손을 잡고 운동장을 한 바퀴 돌면 기회를 한 번 더 주겠습니다. 단, 중간에 손을 놓으면 안 됩니다. 할 수 있나요?
결연한 표정을 짓고 고개를 끄덕인다.

∿∿∿

학생들에게 어떻게 하겠냐고 물었다. 나가서 응원하고 싶단다. 학생들을 먼저 뛰게 하고 나는 뒤따라 뛰었다. 나한테 잡혀도 탈락이라고 하니 더욱 열심히 뛴다. 내가 학생 뒤를 바짝 쫓을 때마다 응원의 목소리는 더욱 커지고, 손은 더욱 꽉 붙잡는다. 그렇게 한 바퀴를 돌았다. 그리고 미션은 다행히 성공했다.

∿∿∿

나 : 순례와 채희의 미션 성공을 축하합니다. 보너스로 반 전체가 놀이터에서 10분 동안 놀이시간을 가지겠습니다!
긴장은 사라지고 모두에게 웃음이 다시 돌아왔다.

∿∿∿

해프닝이 끝나고 교실에 들어왔다. 순례와 채희는 서로 다른 모둠으로 바꿔놓았다. 다음 시간 순례와 채희가 손을 잡고 내게 와서 말한다.
순례 : 선생님, 저 채희랑 다시 앉으면 안 돼요?

∿∿∿

상담에 오신 학부모님 여섯 분의 의견에 따르면 자녀들이 선생님 말을 무척 권위 있게 느낀단다. 근데 우리도 키 3.5m인 사람이 와서 말하면 권위 있게 느끼지 않을까?

5월 May

진심으로 맞장구치기

43일 차 도서관 이용하기 2

아침에 학교에 오자마자 화장실 가겠다고 말하러 왔다가 멋쩍게 웃더니 그냥 화장실로 간다. 이제 규칙을 알았나 보다.

두 학생의 인사말이 다르다.
학생 1 : 안녕하겠습니다.
학생 2 : 효도하겠습니다.[18)]
학생 1 : 아, 맞다! 잘못 말했어요.
너희가 안녕한 게 부모님께 효도하는 것이니까 뭐….

종종 5분 지각하는 학생이 있다. 오늘 처음으로 그 이유를 알았다. 등굣길에 학교 도서관을 들렀다 오는 것이었다. 그래서 그 학생에게 직접 말해주었다.
나 : 신도(가명)가 책을 읽고 싶은 마음은 알아. 그런데 신도가 늦으면 선생님이 걱정이 돼. 하고 싶은 것을 하는 것과 긴바늘이 8에 가기 전에 교실에 들어오는 것 중에 무엇이 더 중요할까?

월, 수, 금 1교시는 교내 도서관을 간다. 갈 때마다 책을 반납하고, 다

18) 우물초등학교의 인사법입니다.

시 빌린다. 도서관으로 출발하기 전에 약간 이상한 기분이 들어 학생들한테 물어봤다.

나 : 혹시 책 아직 덜 본 사람?

몇 명이 손을 든다. 그리고 자기는 다 읽었는지 덜 읽었는지 모르겠다는 학생도 있다.

∿∿∿

교실로 다시 돌아왔다.

나 : 책 빌리는 기간은 1주일입니다. 월요일에 빌린 책을 수요일에 꼭 반납할 필요는 없어요.

학생 1 : 늦게 갖다 주면 삐뽀삐뽀차가 잡으러 오지 않아요?

학생 2 : 책 그냥 가져가면 경찰서에 신고 들어가잖아요.

집에서 꽤 자주 경찰을 인용하나 보다. 썩 좋은 방법은 아닌 것 같다는 생각이 든다. 근데 1주일은 이해한 걸까?

∿∿∿

1주일이 얼마나 긴지 알려주기 위해 칠판에 간이 달력을 그렸다.

나 : 그래서 주말 쉬고 온 다음, 같은 요일에 반납하는 거예요!

학생 1 : 아, 이제 알겠어요!

학생 2 : 휴, 난 이때까지 빨리 읽느라고 너무 힘들었어.

∿∿∿

학생 : 큰일 났어요! 이빨이 (새로) 났는데, (원래 있던) 이빨이 안 흔들려요.

놀라서 살펴봤다. 이게 덧니라는 걸까? 운이 좋게도 나는 덧니를 경험하지 못해서 정확한 판별은 어려웠다.

수학익힘 책을 모둠 친구랑 도와가면서 풀게 했다. 그런데 유독 돕기 싫어하는 학생이 있다. 자기가 빨리 풀고 다른 친구가 늦게 푸는 것을 보면서 즐기는 것 같다. 귓속말을 해주었다.

나 : 네가 우리 반에서 수학을 제일 잘하니까 도와주자.

그랬더니 자리에서 일어나서 다른 친구를 도와준다. 답만 알려주는 것이 아니라 손으로 가리키며 이건 이렇게 푸는 거라고 설명도 한다. 옆에 가서 크게 칭찬했다.

학생 : 병희(가명)도 많이 도와줬어요.

칭찬받은 것을 친구에게 돌리기까지! 기특하다. 자기가 잘난 줄 아는 외동 남아를 다루는 법을 나는 좀 안다. 나는….

수업 시간 중에 출장을 갈 일이 생겼다. 아이들이 출장이 뭔지 이해했는지는 모르겠지만, 보결 선생님이라는 분이 오신다고 했더니 다들 호기심이 가득한 눈이다. 보결 선생님 말씀을 잘 들으라고 몇 번이나 다시 말했다.

보결 선생님과 터치하고 앞문으로 나가기 전 머리 위로 하트를 그리며 "1학년 ×반 사랑해요."라고 말해주었다. 학생들은 어리둥절한 표정으로 나를 쳐다보며, 나를 엉거주춤 따라 했다. 얼떨결에 하느라 모양은 하트가 아니라 '손 머리'에 가까웠다.

이것은 하트인가? 손 머리인가?

44일 차 생일이 언제에요?

학생 : 셔언시엠니임!

앞니는 없어도 하루 만에 교사를 다시 본 기쁨은 누구보다 크다.

학생 1 : 나랑 똑같은 양말 신었네?

학생 2 : 어디?

실내화를 벗고 서로 보여주며 즐거워한다. 부모님들이 아마 같은 마트에서 샀을 거야.

아픈 학생이 참 많다. 별일 아닌 경우가 대부분이라 대개는 잠깐 기다려 보라고 하지만, 한 번이라도 아프다고 말한 학생에게 계속 눈길이 가는 건 어쩔 수 없다. 나도 어릴 때 머리나 배가 아플 때 엄마나 선생님이 은근히 지켜봐주는 것이 좋았다. 혹시 그걸 노렸나?

처음으로 수학 시험을 봤다. 책상에는 시험지와 연필 한 자루, 지우개만 올리게 하였고, 모니터에는 스톱워치를 틀어놓았다. 그 분위기에 잔뜩 긴장한다. 한 번 정도는 이런 것도 괜찮겠지.

학생 1 : 3개 틀렸는데 저 60점이에요?

학생 2 : 난 2개 틀려서 50점인데….

학생이 말하는 틀린 개수와 점수의 규칙성이 없다. 그리고 난 진짜 점수와 누가 잘 했는지 알려줄 생각이 없다.

칸 아카데미[19] 학습자 계정을 만들려고 몇 년도에 태어났는지를 물어보았다.

학생 1 : 엄마한테 전화해 봐야 할 것 같아요.

학생 2 : 2012년에 태어났어요.

학생 3 : 저는 2018년도 같아요.

그리고 생일을 모르는 학생도 2명 있다. 숙제로 내주었다.

칸 아카데미로 9까지의 수 테스트를 했다. 종이보다 컴퓨터로 하는 게 더 재밌단다. '레벨업!', '대단해요!'라는 메시지와 함께 폭죽이 터지는 게 좋단다. 시험보다 문제가 쉬운 것도 한 이유인 것 같다. 앞으로 학생들이 문제를 맞힐 때 말해주려고 '레벨업!', '대단해요!'를 조용히 연습했다.

19) 온라인 무료 교육사이트입니다.

복도에서 줄 맞춰 이동하는 중에 너무 시끄러워 눈 감고 이동하기를 해봤다. 5초 눈 감기, 5초 동안 눈 뜨기를 반복하며 걷는다. 행동에 제약이 생기니 집중하느라 저절로 조용해진다. 엄청 재밌다고 또 하잔다. 위험한 게임이니 선생님 없을 때는 절대 하지 말라고 했다.

'쎄쎄쎄'가 재밌어 보여 한 판 같이 했다.

학생 : 엽서 한 장 써주세요, 한 장 말고 두 장이요. … 아홉 장 말고 열 장이요.

… 너네 어디까지 쓸거니?

학생이 내 핸드폰 액정 깨진 걸 보더니 선생님 속상하겠다며, 자기 것은 멀쩡하니 바꾸자고 한다. 아….

급식실로 오는 길에 장난치다가 서로 부딪힌 두 학생이 있다. 자신들이 장난친 것은 생각 안 하고, 부딪혔다고 말하며 서로의 탓을 하려 한다. 장난기가 발동한다.

나 : 못 생겨서 부딪힌 거예요, 향화(가명)는 안 부딪혔지? 예뻐서 그래요. 조이(가명)도 안 부딪혔지? 예뻐서 그래요.

두 학생의 눈에 눈물이 그렁그렁하다. 앞으로는 안 부딪히고 예뻐지겠냐 물으니 고개를 크게 끄덕인다. … 좀 심했나?

외전

인공지능과 나

회원 가입이 어려운 1학년에게 아이디를 만들어 주려고 G Suite[20]를 신청했다. 누군가 블로그에 무척 직관적인 설명을 남겨주어 무척 큰 도움이 되었다. 자기 이름도 학교도 밝히지 않고 아낌없이 나눠준 그분에게 경의를 표한다. 세상엔 숨은 고수가 많다.

아침마다 인공지능 스피커한테 날씨를 물어보고 온다는 학생이 있다.
인공지능은 이미 아이들에게 좋은 친구가 되었다.

"터미네이터는 절대 멈추지도 않고, 존을 떠나지도 않을 것이다. 술에 취해 고함을 지르고 때리지도 않을 것이고 바쁘다고 외면하지도 않을 것이다."
(영화 〈터미네이터〉의 대사)

《엄마, 학교 다녀오겠습니다》를 작성하는 이유는 크게 두 가지다. 그중 하나는 무척 혼란스러운 1학년 교실에서라도 데이터를 모으면 '패턴을 찾을 수 있다.'는 가설을 확인하기 위해서다.

기계가 교사의 업무를 덜어준다면, 나는 힘껏 학생을 사랑하기만 하리라.

---

20) 구글에서 제공하는 유료 서비스로, 오피스 365와 유사한 클라우드 소프트웨어 모음입니다.

45일 차 몸으로 자음 만들기

부모님이 어떤 학생에게 바구니와 간이 책꽂이를 가져다주었다. 학생은 이걸로 사물함을 정리하겠다고 한다. 그러나 사물함 앞에서 갈피를 못 잡고 고개를 갸우뚱거린다. 고민하는 학생에게 잘 정리된 다른 사물함을 열어서 보여주었다.

딱히 안을 보려 하지 않고 그냥 멍하니 있다.
나 : 친구는 바구니와 간이 책꽂이에 무엇을 놓았는지, 또 어디 놓았는지 봐, 딱 10초 동안만 보여줄 거야. 준비… 시작!
효과는 좋았다. 의욕 없는 학생도 미션 형태로 성취감을 느끼게 해주면 해낼 수 있다.

8시 40분, 아침 운동을 나갈 시간이다. 어떤 학생이 사물함에서 줄넘기를 꺼내다 말고 먼지떨이로 사물함 위를 청소한다. 그 모습을 물끄러미 바라봤다.

필통을 총 삼아 논다. 나름 몸도 숨겨가며 상대를 쏘아댄다. 기모띠 자세라 부르는 의문의 사격 자세(엎드려 쏴 비슷한)를 취하기도 한다. 가만히 들어보니 배틀그라운드 놀이를 하는 것 같다. 전쟁 유전자가 깨어나는 걸까?

학생 : 근데 말이에요, 저 아기 낳기 싫어요. 되게 아파요.
음…. 누가 알려준 걸까?

친구와 협동하여 모음 만들기를 했었다. 오늘은 외부에서 발레 선생님이 오셔서 자기 몸으로 자음 만들기를 한다.
학생 1 : ㄹ은 혼자 못 만들어요. 협동할래요.
학생 2 : 나 ㄱ하고, 너 ㄷ해서 합치면 돼.
협동이 중요한 가치라면, 협동하면 즐거운 상황을 많이 만들어 주어야 한다는 교육철학이 통했다.

다행히 ㅣ나 ㄴ과 같이 혼자서 만들 수 있는 글자에 쓸데없이 협동하지는 않는다. 3획 이상 글자만 협동해서 해결한다. 그리고 ㅎ을 협동하기 위해서 3명이 필요하다는 것을 깨닫고 서로 "이리 와"를 연호하며 문제를 해결할 때, 코끝이 찡해지는 것을 느낄 수 있었다.

나 : 핵심은 퍼즐이 아니라 어떤 식으로 불가능한 문제에 접근하느냐죠. 전체를 공략하느냐, 부분을 나눠서 접근하느냐….
동료가 있다면, 부분으로 나누는 것이 무조건 효율적이다. 그것이 컴퓨터과학(병렬화)이다!

46일 차 부모님은 얼마나 힘드셨을까?

봄 연휴가 끝나고 오랜만에 학생들을 볼 생각에 무척이나 설렌다. 그래서 오늘은 평소보다 20분 일찍 출근했다. 교실 문을 열자 눈에 띄는 건 어느새 30cm는 자라버린 강낭콩, 나팔꽃, 붓꽃 화분이다. 영화 〈가디언즈 오브 갤럭시〉 2편이 생각난다. 아이엠 그루트!

첫 번째 등교한 학생의 "효도하겠습니다."가 남다르게 들린다. 반가운 마음에 학생의 어깨를 토닥였다. 그리고 완연한 미소를 담아 물어봤다.

나 : 주말 동안 뭐 하고 지냈어요?

그러나 시크한 1학년은 한 마디로 되돌려 주었다.

학생들 : 몰라요.

그리고 이어서 몰려드는 각종 민원.

학생 1 : 선생님, 이거(지퍼) 열어주세요.

학생 2 : 실내화 가방 안 들고 왔는데 어떡해요?

학생 3 : 쉬 조금 마려운데 화장실 가도 돼요?

반가운 감정을 공유하지는 못했지만, 그래도 이런 말을 듣고 있자니 일상으로 복귀했다는 느낌이 든다. 나에게 누군가 의지한다는 것도 어느 정도까지는 행복한 일이다. 어느 정도까지는 말이다.

학생 : 이거 열어주세요.

나 : 밑을 세게 잡아봐. 그리고 위를 꽉 잡은 다음에 돌리는 거야.

몇 번이고 다시 시도한다. 나는 옆에서 계속 쳐다보면서 할 수 있다는 말만 반복해주었다. 몇 번 시도해도 안 되자 결국 눈물을 글썽인다. 금방이라도 눈물을 떨어뜨릴 것 같은 딱정벌레 같은 두 눈에 내 대답은 언제나 비슷하다.

나 : … 줘 봐요.

엄청나게 두꺼운 책을 꺼낸다. 한 400페이지는 되어 보인다. 이걸 얘가 읽을 수 있나? (쳐다보는 것에 가깝게) 두 장 읽더니 덮는다.

나 : 이거 읽어보세요.

학생 : 시아시어더케자르끼.

나 : 뭐라고 쓰고 싶었어요?

학생 : 씨아시 어떠케 자라쓰까.

오늘부터 맞춤법 교정을 해주기로 했다. 저학년에서 말하는 통합교육은 사실 언어교육을 말하는 것이 아닐까? 빨간펜을 꺼내서 다 고쳐주었다.

[나을 자 키어주셔서 감사합니다], [엄마아빠 사랑해요하였기에 이 상장을 수여함], [해보하게 키오주셔서 조타], [마시는밥을주신다], [노라주신다], [패션에도신경써주신다] ….
사용할 수 있는 최대 언어를 사용하여 공경을 표현한다. 그래 3,000만큼 사랑하자.[21]

나 : 편지 쓰면서 힘들었던 사람?

학생 1 : 저요!

학생 2 : 저요!

나 : 그러니깐 더 소중한 거예요. 편지 쓰는 것도 이렇게 힘든데 부모님은 여러분을 키우면서 얼마나 힘드셨을까요?

학생 1 : 맞아요. 우리 엄마는 저 키우느라 힘들어 죽겠대요.

학생 2 : 우리 엄마는 너무 힘들어서 안 키우려고 했대요.

서…설마 진심은 아니셨을 거야….

---

21) 영화 〈어벤져스 엔드게임〉 속 토니 스타크(아이언맨)가 딸과 나눈 대사입니다.

47일 차 모든 것이 놀랍고 신기한 1학년

학생 : 발목이 아파요.

나 : 어디가?

학생 : 여기가 이렇게 할 때마다….

말과 함께 아픈 부위를 마구 돌린다. 그렇게 돌리면 누구라도 아프겠다. 아픈 것은 그 부분을 사용하지 말라고 우리 몸이 보내는 신호라고 해주었다.

학생 : 선생님, 독서시간에 신도(가명)랑 그림 그리면 안 돼요?

나 : 응, 안돼.

학생 : 흐으으응~

어디서 애교를…. 절대 안 통한다!

시계같이 생긴 타이머를 보고 "이거 진짜 시계인가 봐요! 아까 이쪽에 있었는데 이쪽으로 갔어요! 깜짝 놀랐어요!"

세상 모든 것이 놀랍고 신기한 1학년.

오늘은 고장 난 컴퓨터가 섞여 있는 다른 컴퓨터실로 갔다. 그리고 수업 시작 전 아픈 컴퓨터를 같이 고쳐보기로 했다. 바탕화면이 안 뜨고, 아래 세 가지 중 하나가 나타나면 선생님을 부르라고 했다.

– 검은 화면(안전모드)

– 파랑 화면(윈도우 업데이트 무한 재부팅)

– 회색 박스(정품인증)

학생 : 이거 말하면 어떻게 돼요?

나 : 여러분 병원 가면 의사 선생님이 어디 아픈지 먼저 알아보죠? 그것처럼 여러분이 컴퓨터를 치료하는 거예요.

학생 : 그럼 우리 이제 컴퓨터 의사예요?

나 : 그래요, 1학년 ×반은 컴퓨터 박사!

멋대로 박사 학위를 뿌렸다.

반 대항 이어달리기를 준비하는데,

학생 : 져도 괜찮아. 상이 없으니까.

나 : 그럼 상이 있을 때는 지면 안 되나요?

학생 : ….

경기는 졌다. 안 다치고 열심히, 성실하게 한 1학년 x반을 칭찬했다. 그리고 오늘 달리기를 특별히 잘한 사람을 부를 테니 일어나라고 했다. 한 명씩 다 불렀다.

학생 : 뭐예요, 전부 다 잖아요!

나 : 그러고 보니 다 특별하게 잘 한 것이 하나씩은 있구나! 서로에게 박수!

학생 1 : 힘 어떻게 써요?

나 : 여기 써줄까?

학생 2 : 저, 알아요! 히에 다가 미음이에요.

나 : 희주(가명)한테 배울래?

학생 1 : 네!

칠판에 오늘 날짜를 잘못 썼다.

학생 1 : 선생님도 실수했으니깐 감자튀김으로 만들 거예요!

학생 2 : 선생님은 왕감자니까 배부르겠다!

나 : 그래, 선생님 감자튀김으로 만들어 줄 사람?

학생들 : 저요!

칸 가운데 글자를 맞춰 쓰는 것이 어렵다. 노트에 분명히 +로 된 점선도 있는데 왜 힘들까? 몇 명 자세히 지켜봤는데, 글씨 쓰기 전에는 격자를 보지만, 획이 시작되자마자 격자가 아니라 연필 끝만 본다. 두 가지를 동시에 하지 못하는 것과 관련이 있을지도….

가장 늦게, 하지만 가장 성실하게 써온 학생이 있다. 우물쭈물하면서 나온다.

나 : 글씨 잘 쓴 것 같아요, 못 쓴 것 같아요?

학생 : ….

나 : 지혜(가명)는 글씨를 참 바르게 쓰는구나. 크게 칭찬합니다.

얼굴에 활짝 웃음을 머금고 그 학생을 바라보았다.

48일 차 공기놀이

학생 : 1, 2, 3, 4, 5, 6, 7, 8, 9…
쉬는 시간이 몇 초 남았는지 센다. 수업 끝나는 시간을 세지 않아서 다행이다.

일단 학습준비물인 공깃돌을 나눠주었다. 규칙을 알려주고 할 수 있겠냐고 물으니 다 할 수 있단다. 시켜봤다. 당신은 공기놀이를 못 한다는 것이 어떤 모습인지 상상할 수 있는가? 당신이 어떤 것을 상상하든 그 이하일 것이다.

문제를 분해했다. 공기 한 알을 눈높이까지 던졌다가 잡는 법을 먼저 가르쳤다. 공깃돌들이 하늘로 솟구쳐 날아오른다. 눈높이까지라니까! 그래도 20분쯤 지나니 절반 정도의 학생이 할 수 있게 되었다.

너무 높이 던져 공기를 터트린 학생이 속출한다. 반응이 제각각이다.
"공기가 이상해요." / "선생님!!!!" / 말 없이 한 알씩 줍기 / 쓰레받기로 쓸기
도구(쓰레받기, 종이 등)를 사용하여 공기 속을 모으는 학생에게서 사피엔스를 보았다.

49일 차 말 실수

학생 : 희주(가명)가 자꾸 장난쳐서 안 좋았는데, 이제 좋아졌어요.

나 : 뭐가 안 좋았어요?

학생 : 어, 지금도 장난치고 그래서 안 좋은데, 그거 빼곤 다 좋아요.

∿∿∿

실수로 국을 자기 몸에 쏟은 학생이 있다. 닦아주며 짐짓 농담을 걸어봤다.

나 : 국 쏟으면 못생겨져요? 안 못생겨져요?

학생은 대답이 없다. 피식 웃으며 학생에게 식판 위의 음식을 버리게 했다. 그리고 한 시간 후.

학생 : 안 못생겨졌어요.

∿∿∿

code.org에서 새로운 블록이 나올 때 학생은 무척 고민한다. 어떤 학생은 실험해가면서 푸는 반면에 어떤 학생은 교사를 호출한 뒤 뚫어져라 모니터만 보고 있다.

∿∿∿

한 학생이 드디어 프로그래밍에서 순서 오류를 겪었다. 본인이 보기에는 맞게 했는데 자꾸 안 돼서 힘들다며 답을 요구한다. 그러나 대답해주지 않고 옆에서 계속 한 단계씩만 실행해보라고 주문했다.

학생 : … 아, 이거 세 번째에 위로 가기가 아니라 오른쪽으로 가기를 써야 해요!

웃어주었다.

체육을 안 좋아하는 학생 둘이서 서로 엉켜 서로를 밀어내는 힘자랑을 하고 있다. 다른 학생이면 먼저 말리고 봤을 텐데, 평소에 워낙 안 움직이는 학생이기에 격해지지 않도록 지켜보았다. 결국 자기들끼리 하다가 힘이 드는지 헉헉하며 서로 떨어진다.

나 : 쓰레받기 버리고, 가방 매세요.

학생 : 쓰레받기를 왜 버려요?

나 : 미안해요.

니들은 맨날 말실수하면서….

학생 : 선생님은 학교에서 자요?

나 : 네, 선생님은 우리 학교 10층에서 자요.

학생 : 우리 학교에 10층은 못 가봤는데….

나 : 당연히 선생님 집이니까 여러분은 못 가죠.

50일 차 학교에서 게임하는 이유

자기가 할 행동을 말한다. 책을 펴놓고, "책 봐도 돼요?"
색연필과 공책을 꺼내놓고, "그림 그려도 돼요?"
확인받고 싶은 마음일까? 아니면 자랑하고 싶은 마음일까?

학생 한 명당 색깔 큐브 하나를 나눠주고 게임을 했다. 첫 번째 게임은 서로 다른 색 큐브를 가진 3명씩 짝짓기, 7명씩 짝짓기를 했다.

딜레마 상황을 줬다. 21명이서 5명씩 짝짓기를 시켰다. 자기네 모둠이 마감이라며 학생을 쫓아낸다. 올 것이 왔다. 성공한 모둠, 실패한 모둠 가리지 않고 실패라 했다.

심하게 몸싸움을 했던 두 학생을 게임에서 내보냈다. 그래도 다음 판에서 세 명 중에 한 명을 내보내면 두 명이 사는 상황이 나왔다. 그런데 이번에는 셋이서 손을 꼭 붙잡고 있다. 시간을 줬지만, 결국 셋 다 아웃이다.

학생 : 한 명이 빠져야 하는데 그럼 떨어진 사람이 속상할 것 같아서 못했어요.

세 학생을 크게 칭찬했다. 이기는 것은 별로 중요하지 않다. 내 행동으로 다른 학생이 곤란할 때, 어떻게 해야 할지 생각하는 것이 학교에서 공부하고 게임하는 이유라고 했다.

∿∿∿

갑자기 한 학생이 복도에서 엄마가 보고 싶다고 운다.

학생 1 : 걔 왜 저래?

학생 2 : 쉬는 시간이니깐 괜찮아.

학생 한 명을 여럿이서 안아주었다. 나는 멀리서 흐뭇하게 바라만 봤다.

∿∿∿

학생 : 더워요.

나 : 더우면 어떻게 해요?

학생 : 선풍기 틀어요!

나 : 그래도 더우면?

학생 : 에어컨이요!

나 : 그래도 더우면?

학생들 : 물 마셔요. / 얼음 먹어요. / 아이스크림 백 개 먹어요!

나 : 그렇게 많이 먹으면 배 아플 텐데….

학생 : 그럼 선생님이 먹어요!

난 배 아파도 되나? 그 전에 너네가 더운데 왜 내가 아이스크림을….

51일 차 엔트리봇

재활용품으로 화분을 만들 거라 했다. 곰곰이 생각해보니 첫 준비물이다. 그래서 등교하자마자 가져온 우유 팩 등을 책상에 올려놓는다.

∿∿∿

책 읽을 시간이 다 되었는데도, 우유 팩만 만지작거리고 있다. 말해서 고치게 하는 것도 좋지만, 뚫어지게 쳐다보는 것이 내 방식이다. 3분 동안 열심히 텔레파시를 보냈더니 통했는지 우유 팩에서 손을 떼고 책을 본다.

∿∿∿

학생 1 : 여자 화장실 변기 뚜껑이 부서졌어요!

나 : 누가 부쉈을까?

학생 1 : 원래 부서져 있었어요! 제가 들어가기 전부터요.

학생 2 : 저도 들어가기 전부터요!

학생 3 : 저도 봤어요!

변호해주는 건 좋은데, 넌 남자잖아….

∿∿∿

학생 1 : 오늘 며칠이야? 23일?

학생 2 : 어제가 24일이었잖아. 4 다음에는 5니깐 오늘은 25일이야. 선생님 맞죠?

친구를 가르쳐주려는 그 모습이 정답이다.

학생 : 앞 전! 뒤 후! 쾅쾅, 터질 폭!
마법천자문으로 격투 놀이를 한다.

얼음 땡 비슷한 놀이(자칭 '좀비 놀이')를 하다가 두 학생이 다투었다. 윤희(가명)는 선화(가명)가 메롱이라고 해서 싫었고, 선화는 윤희가 열심히 잡으러 다니지 않는 게 싫었단다. 타일러도 속수무책이다.
나 : 오늘 게임 한 사람(8명) 다 복도로 나와서 둥글게 서세요

나 : 여러분이 게임하면서 싸우기만 한다면, 교실에서 게임을 못하게 할 겁니다. 그리고 게임하면서 좋았던 점, 고마운 친구를 한 명씩 돌아가면서 말하세요. 좋았던 것만 말해야 합니다.

6명이 먼저 말하고 다툰 2명은 가장 마지막에 말하게 했다.
학생 1 : 윤희랑 친해져서 좋았어.
학생 2 : 계속 술래였는데 선화를 잡아서 재미있었어.
즐거웠던 일을 하나씩 말하기 시작하니 보따리가 터져 나온다. 각자 재밌었던 것을 말하며, 웃음도 새어 나온다.
나 : 게임을 하다 보면 싸울 수도 있어요. 싸움 때문에 기분이 나쁘다면 처음부터 놀이를 안 해야 해요. 하지만 여러분이 이렇게 재밌었다고 하니 더 지켜보겠습니다.

∿∿∿

방향키를 이용해서 엔트리봇을 움직였다. 모양 바꾸기를 처음 접했을 때의 그 놀람과 충격은 글자로 전달할 수가 없다. 색깔 바꾸기까지 하니까 점프하며 크게 소리 지르는 학생도 있다.

나 : 내일은 뭐 배우고 싶어요?

학생 1 : 위아래로도 움직여보고 싶어요!

학생 2 : 말도 하게 해보고 싶어요!

그래, 좋다. 다 해 보자!

∿∿∿

한 학생이 쉬는 시간에 입술을 깨물어서 피가 났다. 처음엔 대수롭지 않게 여겨 울음만 멈추게 달래어 자리에 앉혔다. 그런데 지혈이 안 되었는지 수업 시작 후 입가로 피가 새어 나온다. 냅다 들쳐메고 보건실로 뛰었다. 보건 선생님께서 오라메디와 압박 지혈을 해주었다.

나 : 괜찮아? 피 맛 안 나?

학생 : 궤차나요~

∿∿∿

학생 : 물티슈 아까운데 물 묻혀서 써도 돼요?

아깝다는 개념을 아는 1학년, 매우 칭찬해!

∿∿∿

과학실험부에서 틴트를 만든단다. 학생 다섯 명이 모여서 1학년이 틴트 발라도 되는지 토론한다.

52일 차 **7살 스승님**

대단한 도덕적 판단력, 양심, 숭고함, 정의…가 굳이 필요한가? 그냥 옆에 있는 사람에게 친절하고 착하게 대하는 게 도덕 아닐까 싶다. 그 전까지는 백 번의 착한 행동보다 한 번의 의도가 중요하다 여겼는데…. 7살 스승님 덕에 내가 많이 변했다.

학생 1 : 오늘 누가 1등으로 왔어? 리사(가명)가 진짜 1등으로 왔어?
학생 2 : 선생님이 먼저 오시지 않아?
학생 3 : 오늘 내가 제일 빨리 왔어!
화장실 들르느라 리사보다 교실에 늦게 들어왔다. 리사야! 교실 불은 누가 켜놨겠니…. 하지만 그래도 나는 이렇게 말했다.
나 : 리사가 1등으로 왔단다. 부지런히 공부하려고 제일 빨리 왔어.

학생 1 : 운동장에 뭐 뿌리고 있어.
학생 2 : 저게 뭐지?
8시 35분경, 한 학생의 외침에 모두가 창문에 옹기종기 모여 붙는다. 정말이지 그들의 호기심은 상상을 초월한다. 맥락을 못 알아들어 답답할 때가 많지만, 이 호기심 하나 덕분에 수업할 맛이 난다.

학생 하나가 갑작스레 코를 움켜쥔다. 에구 저런. 물티슈 네 장을 덧대어 화장실로 데려갔다. 화장실에 휴지가 없어 손으로 직접 코피를 헹궈주었다.

나 : 흥~, 세게 하지 말고 '흐으으으응'해 보세요. 코로 숨 쉬지 말고 입으로만 숨 쉬어야 해요. 괜찮아?

학생 : ….

아, 지금 얘 말 못하지….

학생 : 선생님, 이거 못 빼겠어요!

나 : 손가락 끝에 힘을 딱 주고 해봐!

레고 만들기를 하고 있다. n*m 따위의 블록 이름을 수와 연계해서 외우기, 블록과 블록을 잇거나 겹쳐놓으면서 수 모으거나 가르기. 그리고 가장 좋은 건 소근육이 길러진다는 것이다.

나 : 오늘 배운 것 중에 뭐가 제일 재밌었나요?

학생 1 : 레고요!

학생 2 : 컴퓨터로 그림 그린 거요!

학생 3 : 친구랑 퀴즈 맞히기 한 거요!

나 : 안 어려웠어요?

학생 4 : 조금 어려웠어요.

나 : 선생님이 뭐라고 했죠? 어려우니까?

학생 5 : 학교에서 배우는 거라고요!

나 : 오늘 어려운 건 내일?

학생들 : 쉬워져요!

이제는 중학생이 된 작년 제자들이 와서 교실에서 즐거운 파티를 했다. 방과 후 수업 끝난 우리 반 학생이 교실에 들렀다. 중학교 1학년들이라지만 초등학교 1학년 눈엔 어른이나 다름없다. 교복 입은 덩치 큰 사람들이 교실을 메운 그 광경에 눈이 휘둥그레진다.

나 : 아, 인사해요. 여기는 선생님이랑 예전에 같이 공부하던 사람들이에요.

그러나 인사는 커녕 오히려 내 뒤로 숨는다. 그 기분 알 것 같다. 아버지 회사 회식에 억지로 끌려가서 인사했던 그 느낌이다.

53일 차 씨앗 심기

학생 : (우산꽂이 옆에 서서) 우산 어디 꽂아요?

∿∿∿

학생 1 : 너 왜 아침에 나랑 같이 안 갔어?

학생 2 : 아침에 전화 안 했잖아?

∿∿∿

학생 : 어제 엄마 몰래 친구랑 떡볶이 먹고 왔어요.

나 : 그런데 선생님한테 말하면 몰래가 아니지 않아요?

학생 : 그건 잘 모르겠어요.

멋쩍었는지 도망간다. 엄마한테는… 의리상 안 일러야지.

∿∿∿

책 고정하는 빨간 끈이 가방에 걸려서 도와달라고 한다. 이리저리 빼려고 노력했지만 잘 빠지지 않는다. 결국 책 끈을 가위로 자르고 당겨 뺐다. 학생은 충격 먹은 표정을 짓는다. 원했던 결말이 아니었나 보다. 언젠가 알렉산더 대왕의 매듭 풀기 이야기를 들려줘야겠다.

∿∿∿

학생 1 : 죽으면 어떻게 돼요?

학생 2 : 선생님은 오래 살고 싶어요?

학생 3 : 우리 선생님은 오래 못 살 것 같아요. (대체 왜?)

학생 4 : 뼈가 되면 못 움직여요.

학생 5 : 죽으면 땅속에서 자야 해요.

죽음에 대한 인식이라….

씨앗 심기를 했다. 씨앗을 먼저 나누어주고 어떻게 생겼는지 얘기해 보라 했다. 강낭콩, 봉선화(작은 씨앗), 분꽃(레몬 씨앗), 나팔꽃(초코칩 씨앗)을 나름 자신들의 기준으로 분류한다.

일부러 삽을 쓰지 않고 맨손으로 흙을 퍼담게 했다. 원래 우리는 그렇게 살아왔다는 말과 함께. 흙에 손을 깊숙이 넣어 구멍을 뚫고 씨앗을 넣어보라 했다. 마지막으로 살살 덮어주라는 말까지.

화분을 어디에 두느냐로 친목 권력이 생긴다. 인기 많은 학생 옆에는 서로 놓으려고 난리다. 뭔가 씁쓸했다. 그 와중에 자리를 차지하려고 다투다 화분이 하나 쏟아졌다. 결국 내가 가서 뒤죽박죽 섞은 다음에 한 줄로 맞춰놨다.

레고 부품 분류하기 활동을 했다. 고사리 같은 손으로 작은 부품을 잘도 골라낸다. 길게 생긴 거, 작은 바퀴, 톱니, 큰 바퀴… 주문을 받자마자 레고 더미에 일제히 달려들어 순식간에 분류하는 그 모습에… 급조폭발물을 만드는 이라크의 소년병이 떠올랐다.

학생 : 레고로 뭐 할 거예요?

나 : 자동차 만들 거예요.

학생 : 우리가 타고 다닐 수 있어요?

나 : (눈에 힘을 주며) 그렇게 만들어야죠.

어린 영혼 앞에서 필요 이상으로 비장한 모습을 보였다.

레고 부품 분류하기를 하고 있습니다. 진지합니다.

54일 차 뭐라고 쓴 걸까?

아침 시간에 우물쭈물하며 온다. 화장실 가고 싶다는 말일 줄 알았는데 의외의 말을 한다.

학생 : 선생님, 저 여기 다쳤어요.

나 : 어디?

소매를 걷어 밴드가 붙은 팔꿈치를 보여준다.

나 : 많이 아팠겠다. 오늘 여기 안 닿게 하세요.

만족한 표정을 짓고 돌아간다.

학생 1 : 오늘 우리 오빠 수영장 가.

학생 2 : 아까 말했잖아?

오빠가 아니라 네 마음이 지금 수영장에 가 있구나.

화분 관리를 했다. 싹이 난 사람은 세 명. 나머지는 좀처럼 날 기미를 보이지 않는다. 특히 물 조절이 어렵다. 아직 정량적으로 뭔가를 측정하는 게 불가능하기도 하고…. 사람은 실패를 통해 배우는 법이기에 한마디만 했다.

나 : 매일 똑같은 양의 물을 주세요. 그리고 옆으로 기울였을 때 물이 고이면 안 돼요.

[궁금한점은 흔게에요]
나 : 뭐라고 쓴 거예요?
학생 : ….
나 : 뭐라고 쓰고 싶었어요?
학생 : ….

원뿔이랑 원기둥을 같은 모양으로 보는 학생이 절반이다. 그렇게 생각한 이유를 물으니 배시시 웃더니 답을 고친다. 아니, 난 정말 이유가 궁금한데….

공 모양, 상자 모양, 기둥 모양을 찾아오라 했다. 상자 모양은 물티슈를 들고 온다. 대충 봐서 그렇게 보이나 보다. 기둥 모양은 두루마리 휴지. 공 모양은 영 찾기 어려웠는지, 공기 알을 가지고 와서 공 모양이란다.
학생들 : 나도 그건데! / 나도요!
단체로 틀리고 단체로 좋아한다.

종이나 책을 이어붙여 미끄럼틀을 만든 후 공, 상자, 기둥모양을 굴려보는 활동을 했다. 나만의 미끄럼틀 만들기라고 이름 붙이고 활동을 시작했다.
학생 1 : 친구랑 같이 해봐도 돼요?
나 : 그럼 더 좋아요!

학생 2 : 나도 같이 할래.

학생 3 : 우리 모둠도 (쟤네 모둠처럼) 같이 하자.

학생 : 앗, 부서졌어!

나 : 부서진 사람도 다시 만들면 돼요.

학생 : 어떻게 다시 만들어요?

나 : 시간으로요.

천천히 시간을 들여 다시 하면 못할 게 없지요.

나 : 미끄럼틀 이름과 좋은 점을 발표할 거예요

앞으로 나와서 벌벌 떨면서 각자 미끄럼틀의 안전장치, 높이 등을 말한다.

미끄럼틀 이름 : 방방 미끄럼틀, 롤러코스터 미끄럼틀, 일반 미끄럼틀, 지옥 미끄럼틀, 안전 미끄럼틀, 계단 없는 미끄럼틀, 3단 미끄럼틀.

55일 차 가르치는 학생, 배우는 학생

한 학생이 낑낑거리며 나무블록 장난감 박스를 옮기고 있다. 조심하라고 말해주려는 찰나 다른 학생이 왔다.

학생 1 : 나도 같이 들께.

학생 2 : 나 이걸로 놀 건데?

학생 1 : 어, 나도 할 거니까 같이 들께.

싹이 너무 안 나는 것 같아 흙을 살살 파헤쳐봤다. 화분 거의 밑바닥에 싹이 나 있었다. 씨앗을 거의 우유 팩 바닥에 심었구나…. 이어 다른 학생에게도 가위로 싹이 다치지 않게 흙을 살살 파보라고 했다.

학생 1 : 선생님, 제 껀 껍질이 까졌어요.

학생 2 : 저도요, 저도요!

껍질이 까지면서 싹이 난다고 한 명씩 말해주다가, 결국 칠판에 배와 배젖을 그려가면서 어디가 뿌리가 되고 어디가 잎이 되는지 설명해줬다. 그러고 보니 나도 어릴 때 엄마가 감의 씨를 쪼개가면서 안에 있는 숟가락(?)을 보여줬던 기억이 남아있다.

오랜만에 컴퓨터실에 왔다. 역시 반복문을 어려워한다. 그 와중에 너무나 자연스럽게 반복문을 활용하는 학생 두 명이 보인다. 포섭하여 또래 교사활동을 하게 했다. 도중에 진리(?)를 깨닫고 자기도 가르치고 싶다는 학생도 생긴다.

가르치는 학생에게 답만 듣고 입력하는 학생이 있다. 가르쳐주는 학생도 배우는 학생이 호기심이 없으니 그냥 답만 불러주고 끝내는 듯하다. 그래서 가르치는 학생은 직접 키보드를 쳐서 보여주지 말고 말로만 알려주고 반복문은 왜 이 블록이 몇 회만큼 들어가야 하는지 반드시 설명하게 했다. 특히 [한 칸 움직이기 + 아이템 얻기]를 묶어 반복하는 것은 극소수의 학생만 할 수 있는 일급 기술이다.

수업이 끝날 즈음에는 절반이 가르치는 사람, 절반이 배우는 사람이 되었다. 모르는 것을 봤을 때 나오는 행동유형이 다양하다. [아무거나 해보기], [그냥 무작정 코드를 이어 붙이기], [팔짱 끼고 모니터 노려보기], [계속 선생님 호출하기] 등이다. [실험하면서 파악하기]는 거의 나타나지 않는다. 알고리즘 교육에 시사점을 얻었다.

나 : 오늘 공부는 어땠나요?

학생 1 : 어려웠어요.

학생 2 : 헷갈렸어요.

나 : 어려우니까 배우는 거예요. 학교는 어려운 것을 쉽게 만드는 곳이에요. 처음 code.org에 들어갈 때를 생각해 보세요. 어제 어려운 것은 오늘 쉬워져요.

학생 1 : 정말 그런 것 같아요.

학생 2 : 친구가 도와줘서 쉬웠어요.

현장체험학습 교육을 했다. 다른 무엇보다 간식, 도시락은 부모님이 주는 대로 가져오는 것을 강조했다. 간식 먹고 싶다고 떼쓰는지 부모님한테 전화 드려서 확인할 거라는 말과 함께….

가르치는 학생도 배우는 학생도 함께 자랍니다.

56일 차 **체험학습**

학생들 : 우리 반 버스 없어? / 우리 어떻게 가?

현장체험학습을 간다. 창문에 가슴 높이로만 간신히 매달려(키가 작아서) 버스가 하나둘씩 운동장으로 들어오는 모습을 보고 있다. 근데 도대체 뭘 보고 우리 반 버스가 있는지 없는지를 판단하는 지가 궁금하다.

나 : 지금부터 화장실에 가서 오줌 꼭 누세요! 무조건! 그리고 물도 마시지 마세요!

나는 이제 학생의 방광 크기를 대충 가늠할 수 있고, 수분 섭취량을 통해 요의(尿意)가 오는 시간을 구할 수 있다. 40분의 버스 여정이 무사히 끝나기를 기도하지만, 기도 이전에 사람이 할 수 있는 건 다 해야지.

버스에 두 명씩 앉혔는데, 비행기 비즈니스석에라도 탄 듯 의자가 아주 넓다. 가방을 누구나 할 것 없이 컵 걸이에 거는데, 자꾸 떨어지는 가방을 받아서 남는 자리로 옮겨 주었다. 그러고 보니 6학년은 누가 시키지 않아도 가방을 버스 위 공간에 넣었는데, 1학년의 키로는 아직 거기에 공간이 있다는 것조차 상상을 못 하겠지?

맨 앞에 앉은 학생 둘이 운전 기사님 자리를 유심히 본다.
학생들 : 작은 핸드폰에 길이 나와요. / 우와, 저걸로 길을 알려주나 봐!
길 알려주는 거? AR 내비게이션을 말하나 싶어서 봤더니 그냥 블랙박스다.

버스에 의자 뒤로 넘기는 레버가 뭐냐 묻길래, "친구가 이거 뒤로 넘겼어요.", "다시 해 주세요.", "저도 넘겨보고 싶어요." 등이 나올까 봐 비겁한 짓을 했다.
나 : 이건 버스가 사고 났을 때 당기면 의자에 앉은 채로 버스 밖으로 탈출하는 장치에요. 절대 건드리지 마세요.

학생들 : 사장님, 아파트 좀 해 주세요. / 네, 이 아파트는 넓어서 좋아요.
??? 버스 안에서 느닷없는 소꿉놀이. 근데 소재가 영 이상하다.

보통 초등학생은 현장체험학습에서 학습적인 요소를 무척 싫어한다. 유물 좀 보라고 하면 말 그대로 한 번 보고 끝이다. 이때까지 6학년과는 〈알쓸신잡〉처럼 이런저런 이야기를 하면서 [해설을 들으면서 보니 의외로 재밌지?] 식으로 관람을 했었다.

1학년은… 그럴 필요가 없었다.
나 : 여기는 지구 마을이에요. 뭘 보고 싶….
학생 : 저거요! 저거 나 알아! 저것도 재밌어.
…. 삼촌이랑 어린이집이랑 아빠랑 엄마랑 합쳐서 30번 왔다는 학생도 빨려 들어갈 것처럼 보고 있다.

입속으로 들어가서 똥으로 나오는 전시물을 둘러봤다. 기대했던 것보다 재밌다고 생각하며, 학생들을 봤더니 똥 한 번 터치하고 다시 입으로 들어가고 있다.
학생 1 : 난 벌써 5번 했….
학생 2 : 난 20번!!

체험학습 후 학교 밖에 내려서 학교로 복귀했다. 학교에서 하교 지도 후 해산을 원칙으로 했기 때문이다. 교문 앞 학생을 모셔(?)가려고 나온 통학 도우미와 학부모가 즐비하다. 학생들은 저마다 자신을 찾아온 사람에게 손을 흔들며 학교로 들어간다. 놀이공원 퍼레이드… 를 방불케 했다.

외전

그대, 내게 행복을 주는 사람

내가 행복하려고 하면서 다른 사람의 행복을 존중하고 싶은 자발적 의지가 생긴다면…. 그리고 다른 사람의 고통 속에서는 내가 행복해질 수 없다는 것을 깨달을 때 서로를 배려하는 강력한 연대가 생겨날 것이다. 그리고 역설적으로 개인주의자들이 가장 이타적인 인간이 될 것이다.

내가 평소에 해왔던 통합수업은 사회과에서 일제 강점기를 다룰 때 영화 〈동주〉를 본 뒤, 윤동주의 시를 찾아서 낭독하는 것이다. 단순히 과목의 통합을 넘어 그 시대의 분위기를 마음으로 익히고 그것에 대해 생각해보는 것이다.

정리 못 하면 좀 어떤가? 문제 못 풀고 발견 좀 못하면 어떤가? 멍청하게 영상만 보고 있을 거라고? 그냥 글만 따라 읽을 뿐이라고? 그런 사람은 오히려 인간의 인지 능력을 너무 얕보는 것이 아닌지.

배움은 학생에게서 일어나지 교사의 계획에서 일어나지 않는다. 교사는 의도를 지닌 관찰자면 충분하다. 교사는 '지휘관'이 아니라 '영향을 주는 사람'이니까.

'교육의 질은 교사의 질을 넘을 수 없다?' 아니, 넘을 수 있다. 넘어야만 한다.

우리는 누구로부터 배우고 누구에게 가르치는가? 그 경계가 모호할수록 인류는 진보하고 행복해질 것이다.

57일 차 베스트셀러

글이 많은 책보다 화려한 그림이 있는 책을 좋아한다. 종이접기, 공룡, 우주, 신체(뼈 사진!)에 대해서 설명하는 책이 그렇다. 도서관이라는 공간에서 책을 읽고 있다는 사실만으로도 기특해 그냥 놔뒀다.

〈동물 잘 그리고 싶어〉가 새로운 베스트셀러로 떠올랐다. 베스트셀러라고 하면 한 학생이 반납하자마자 바로 다른 학생이 빌려달라고 하는 책을 말한다.

화분 4개에 싹이 났다. 싹이 난 화분은 볕 드는 곳으로 옮겼다.
학생 1 : 선생님, 씨앗은 언제까지 자요?
학생 2 : 강난콩(오타 아님)은 좋겠다, 바람도 쐬고 햇님도 받고.

학생 1 : 천안이 어디야?
학생 2 : 너도 가본 곳일걸? 독립기념관!
학생 3 : 어, 나도 어린이집 소풍 거기 갔어.

식판에 반찬이 좀 많이 남았다.
나 : 시금치를 한 입만 더 먹어보면 어떨까요?

학생 : 어, 저는 시금치 다 먹었는데 분명히….

알고 보니 물 마시느라 자리를 비운 다른 친구 식판을 들고 왔다. 총체적 난국….

[TV가 늦게 켜지는 상황]

학생 : 왜 이렇게 늦게 켜져요?

나 : 세상일이 다 그래요.

학생 : 달리기는 빠르잖아요.

나 : 나 혼자 뛰는 건 빠르지만 여럿이 함께 뛰면 기다려야 하잖아요.

학년 단체티를 입혀봤다. 엄청 이뻐서 사진 한 장 찍자 했다. 선생님도 같이 찍어도 되냐고 물어보니 다들 좋다고 폴짝폴짝 뛴다.

찍은 사진을 흑백으로 프린트해서 나눠주었다.

학생들 : 비밀인데요, 집에 이거 걸어둘 거예요. / 버리지 않을게요. / 2학기 돼서도 안 버릴 거예요. / 졸업하고도 안 버릴 거예요.

나도 3,000만큼 사랑해.

알림장이 찢어졌단다. 그런데 그 말이 '이리 오너라~ 찢어진 공책 받거라.' 투였다. 학생을 안아주면서 말했다.

나 : 선생님이 선물로 준 공책을 찢어서 선생님이 너무 속상해요.

학생이 당황하는 기색을 놓치지 않고 콤보를 넣는다.

나 : 선생님 마음도 찢어져서 너무 아프답니다. 어떻게 말해야 할까?

학생 : 죄송해요. 이거 찢어졌어요.

테이프를 잘 붙여서 돌려주었다.

나 : 다음부터는 소중하게 대해주세요.

열심히 가꾼 화분에서 싹이 났습니다.

58일 차 관찰일기가 뭐예요?

나 : 오늘도 화분을 보고 관찰일기를 예쁘게 써봅시다.

학생 : 선생님, 관찰일기가 뭐예요?

나 : 너희가 3일 동안 이미 썼던 거….

나 : 일기 써본 사람?

세 명 빼고 다 손들었다. 의외다.

나 : 손 안 든 사람은 일기가 무엇인 줄 알아요?

배시시 웃으며,

학생 : 알긴 아는 데 설명을 못 하겠어요.

일부 학생들은 잘린 원뿔을 원기둥이라 생각한다. 지난번에 고깔 모양도 원기둥이라고 하더니 정말로 같아 보이는 걸까? 모양을 꼼꼼하게 안 살펴본 걸까?

조립 큐브로 작품을 만들고 발표를 했다. 셋이서 다른 작품을 만든 학생도 있고, 같은 작품을 만든 학생도 있다. 나는 예시 작품으로 [복엽기 : 날개가 두 개인 근대 비행기]를 만들었다.

학생 1 : 어? 이거 잠자리네요!

학생 2 : 잠자리야!

응, 그래. 잠자리라고 하자….

학생들이 만든 작품의 종류는 [행복한 노트북], [백조 두 마리와 뱀], [무지개다리], [급식판], [제트기]… 일상이나 이야기, 게임에서 모티브를 얻었단다.

모둠 발표에서 모둠 친구가 아예 아무 말도 못 할 때가 있다. 그럴 때 자기가 대신 말해주는 학생이 있고, 귓속말로 해야 할 말을 가르쳐주는 학생이 있으며, 그냥 앞만 계속 쳐다보는 학생이 있다.

다양한 색깔을 무지개 색깔로 표현한다. 빛의 스펙트럼을 생각해보면 대충 맞는 말인지도….

학생 : 얘가 점심시간에 넘어져서 다쳤어요.
나 : 둘이 같이 보건실 갔다 오세요.
아, 줄넘기 놓고 가라는 말을 깜빡했다. 하지만 자기들끼리 줄넘기를 놓고 가야지 라며 사물함에 줄넘기를 넣는다.

학생 : 해수(가명)가 저랑 안 놀아줘요.
나 : 놀아달라고 해봤어요?
학생 : 자꾸 귀찮게 하지 말래요.

나 : 나는 너랑 놀고 싶어 라고 말해봤어요?

학생 : 아니요!

나 : 다음번에는 그렇게 해 보세요. 꼭 그렇게 말해야 해요.

눈이 아파서 병원에 들르느라 학교에 늦게 온 학생이 있다. 학부모에게 전해 들으니 아파서 학교에 오기를 싫어했단다. 집에 가기 전 학생을 조용히 불렀다.

나 : 오늘 아픈 거 꾹 참고 학교에서 열심히 공부했으니깐 상으로 칠판 지워 볼래요?

물을 듬뿍 뿌린 칠판에, 지우개가 움직일 때마다 하얀 분필이 우유처럼 떨어진다. 그 모습에 학생의 눈이 초롱초롱해진다.

나 : 오늘 아픈 거 참고 학교 나와서 칭찬합니다. 다음번에도 아파도 참고 나왔으면 좋겠어요.

59일 차 받아쓰기

나 : 종 쳤어요. 자리 앉아서 책 보세요.

학생 1 : 종 쳤어요?

학생 2 : 종소리 안 들린 것 같은데….

* 가설 : 집중을 너무 심하게 했음, 청력 발달 부족으로 소리 구분이 안 됨, 계속 놀고 싶어서 안 들렸다고 우김.

학생 1 : 선생님, 정화(가명)가 아침에 뛰어오다가 넘어졌어요.

급하게 교실 문을 박차고 나갔다. 계단을 올라오고 있다. 표정은… 해맑다. 무릎 보자 했더니 먼지가 조금 묻어 있다.

나 : 많이 안 다쳤어요?

학생 2 : 많이는 안 다쳤는데요. 늦을까 봐 뛰어오다가 넘어졌어요.

한숨 돌렸지만, 마음이 복잡하고 미안했다.

1학년은 일어나기 위해서 의자를 뒤로 밀 자리가 부족할 때 어떻게 해야 할지를 모른다. 대개는 의자를 밀어보다가 미션 임파서블이라도 하듯 허리를 이리저리 비틀어가며 몸을 빼낸다. 그런데 오늘 놀라운 말을 들었다.

학생 : 좀 뒤로 가 줘.

크나큰 발전이다.

[시아시어더케자르까]를 고쳐보기 위해 간단한 진단(사실상 받아쓰기)을 시작했다.

나 : 원숭이 엉덩이는?

학생 1 : 빨개!

나 : 빨가면?

학생 2 : 사과!

나 : 써보세요. 높은 것은?

학생 3 : …. 하늘

나 : 그것도 써보세요. 솜사탕 닮은 게 뭐죠?

학생 4 : 구름이요!

학생 5 : 그것도 써요?

단모음 [ㅣ, ㅡ], 받침 있는 글자 [름, 림, 린, 닉]을 쓰지 못했다. 또, 사과를 사가로 많이 쓴다. 혹시나 해서 봤더니 [ㅏ, ㅘ]의 발음을 구분하지 못하더라. 그래서 연습했다. 할아버지, 즐거운 생활, 모과, 뭐가… 노력은 가상했지만, 앞니가 없어서 발음 구분이 어려운 것이었다.

이번에도 한 시험지를 세 명이 30초 간격으로 번갈아 가며 풀어봤다. 효과는 굉장했다. 시키지도 않았는데 자기가 문제를 풀지 않을 때, 문제 푸는 친구를 응원한다.

"선희(가명)야 5번 문제 풀어.", "우리 틀린 거 확인해야 해"라며 전략도 쓴다. 제법이다.

오조봇[22]을 처음 줘봤다.

학생 : 헬멧 같이 생겼어요.

스위치를 틀었더니 탄성이 터져 나온다. 종합장에 검은 색연필로 손가락 굵기만큼 선을 그어보라고 했다. 오조봇을 선 위에 올려놓으니 선을 따라 움직인다. 2차 탄성.

오조봇을 SW교육보다는 선 긋기 활동의 흥미 유발 자료로 사용했다. 그런데 학생 반응이 의외다.

학생 1 : 엔트리봇 같아요.

학생 2 : 막 선 따라서 움직이는 게 코드점오알지(code.org) 같아요.

뭐지? 짐작할 수가 없다. 관점을 환기하는 SW교육 정도로 생각했는데, 프레임워크(framework)만 잘 짜두면 유의미하게 사용할 수 있겠다.

학생 : 이거 집에 가져가요?

안돼…. 이거 하나라도 없어지면 나 큰일 나…. 그래도 기대 가득한 눈빛을 차마 져버릴 수 없어 놀잇감으로 교실에 놔둔다고 했다.

22) 최근 많은 학교에서 소프트웨어 교육에 사용되는 작은 로봇입니다.

60일 차 **관찰일기 쓰기**

화분을 가지고 교실로 들어왔다.

학생 1 : 오늘 씨앗 심나?

학생 2 : 이번에는 뭐 심을 거예요?

학생 3 : 막 가슴이 두근거려요.

작은 우유 팩에 심겨 있던 모종을 화분에 분갈이했다. 조심스럽게 우유 팩을 찢어 모종을 꺼냈다.

학생 : 블록 같아요.

나 : 이걸 화분에 넣고, 이 선까지 흙을 채우면 돼요. 해 보세요.

전혀 기대하지 않았다. 엘프도 아니고 7살짜리가 분갈이에 능숙할 리가?

그런데 5명 전부 분갈이를 제법 잘한다. 줄기를 다치게 하지도 않고, 모종도 비스듬하지만 똑바로 잘 서 있다.

나 : 잘했습니다. 그런데 여기 보면 흙이 어때요?

학생 : 스펀지 같아요.

나 : 이렇게 속이 비어 있으면 똑바로 서 있기 힘들겠죠? 어떻게 하면 좋을까요?

학생들 : 꾹꾹 눌러요. / 눌렀는데 안 돼요.

나 : 물이 있으면 땅이 어떻게 될까요?

학생들 : 작아져요. / 단단해져요. / 아! 물 떠 올래요.

한 학생이 관찰일기를 한 일, 느낀 것, 알게 된 것, 궁금한 것 순서로 무척 논리정연하게 쓴다. 그 학생의 관찰일기를 모두 돌려봤다.

학생 : 아, 이제 관찰일기 어떻게 쓰는지 알겠어요!

선생님 설명보다 친구 꺼 보는 게 더 잘 이해되나 보다.

초성체와 이모티콘(ㅋㅋㅋ, ^^)을 써서 글을 쓰는 학생이 두 명 있다. 고민이다.

그래도 예쁜 문장으로 가득 채운 그 마음이 사랑스러워(그 이유뿐만은 아니지만) 도장을 ~~꾸우우우우욱~~ 찍어주었다.

학생 : 선생님이 도장을 너무 꽉 찍어줘서 구멍 날 뻔했어요.

음…. 나도 너희 마음이 사랑스러워서 그랬는데 내 마음만 받으면 안 되겠니?

맞춤법을 자세하게 지적하기 시작한 후 질문이 늘고 있다.

학생 : 떡(처럼 들리는 것)을 어떻게 써요?

나 : 뭐요?

학생 : 떡(처럼 들리는 것)이요

뭐지? 무슨 글자를 쓰고 싶은 걸까?

나 : 무슨 말을 쓰고 싶어요?

학생 : 떡이요

나 : 그럼 무슨 말을 하고 싶어요?

학생 : 학교에 와봐떡니.

귀퉁이에 적어줬다. [학교에 와봤더니]

수업 시작하자마자 한 학생이 화장실 가도 되냐고 묻는다.

나 : 쉬는 시간에 안 갔어?

눈이 휘둥그레진다. 그 모습이 귀여워 도저히 혼을 낼 수가 없다. 웃는 낯을 최대한 숨기고, 짐짓 엄한 표정으로 꾸짖으며 보내주었다.

학생 둘이 다툰다.

학생 1 : 새싹 할 때 ㄱ 넣어야 해!

학생 2 : 아니야 안 넣어도 돼.

학생 1 : 선생님, 새싹 할 때 ㄱ 넣어야 되죠?

나 : 응? 무슨 소리예요?

학생 1 : 이거 보세요.

전에 맞춤법 검사를 소홀히 하던 시절, [색싹]이라고 써서 검사 맡은 일기를 들고 온다.

나 : 선생님이 그때 잘못 검사했네. 선생님이 실수했어요. 미안해요. 새싹이 맞아요.

학생 : 선생님, 머리가 아파요.

보통은 마음이 다쳐서 그럴 때가 많다. 아픔을 공감하고 확인한다는 의미로 이마에 손을 대어봤다. 어라? 그런데 생각보다 뜨겁다. 들쳐메고 보건실로 냅다 뛰었다. 38.5도란다. 독감 위험이 있으니 조퇴를 하라신다. 학생을 보건실에 눕혀놓고 학부모님께 연락을 드렸다. 그리고 나는 학생 짐을 챙겼다. 마음이 복잡하다.

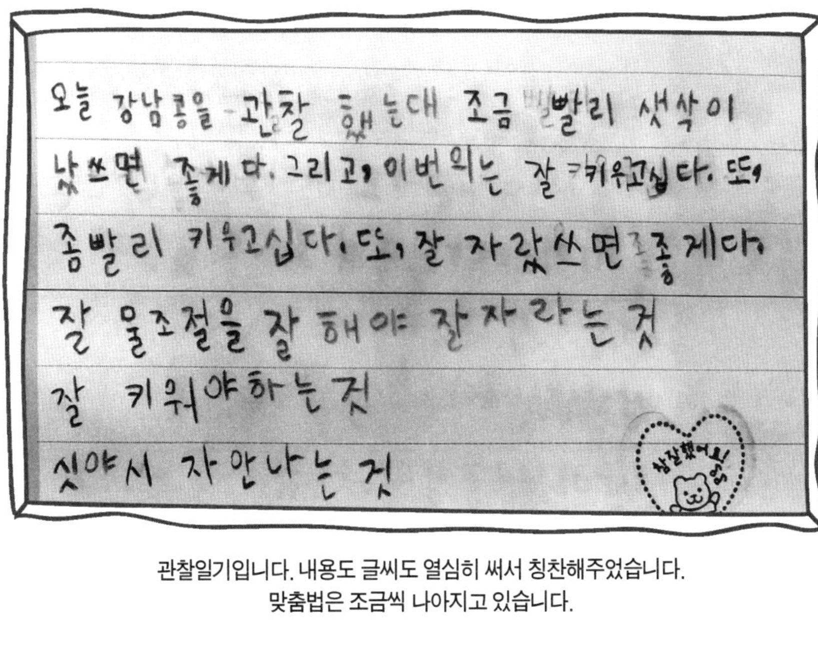

오늘 강남콩을 관찰 했는대 조금 빨리 샛삭이
낫쓰면 좋게다. 그리고, 이번에는 잘 키우고십다. 또,
좀빨리 키우고십다. 또, 잘 자랐쓰면 좋게다.
잘 물조절을 잘 해야 잘자라는 것
잘 키워야하는 것
싯야시 자안나는 것

관찰일기입니다. 내용도 글씨도 열심히 써서 칭찬해주었습니다.
맞춤법은 조금씩 나아지고 있습니다.

61일 차 기호 식품

학생 1 : 너 얼음 작은 거야?

학생 2 : 왜?

학생 1 : 내껀 커서 아직 못 먹어

우리 반에서는 얼음이 블루보틀[23]급 기호 식품이다.

학생 : 선생님, 저 연체됐어요.

한 명은 부끄럽게, 한 명은 아무렇지도 않게 이야기를 한다. 연체 기간은 다행히 하루. 도서관을 청소하고 연체를 없었던 거로 하겠냐고 물었다.

한 명은 눈을 빛내며 그렇게라도 연체를 없애고 싶다고 대답했고, 한 명은 청소 안 해도 내일 되면 다시 빌릴 수 있지 않냐고 되묻는다. 두 번째 학생의 말에 사뭇 서글퍼졌다.

나 : 응수(가명)는 책을 늦게 갖다 준 게 잘했다고 생각해? 잘못했다고 생각해?

대답이 없다. 손을 꼭 붙잡고 눈을 쳐다봤다. 5초쯤 지났을까?

학생 : 잘못했다고 생각해요.

나 : 그럼 어떻게 할래?

학생 : 청소할래요.

---

23) 미국 캘리포니아에 본사를 둔 유명 커피 브랜드입니다.

그러곤 운다. 우는 이유를 잘 모르겠지만 자신의 잘못을 외면하지 않아 생기는 부끄러움이었기를….

책상이 불편한지 가위로 종이를 자를 때는 자리에서 일어나서 자른다. 신기한 게 그림을 그리거나 글씨 쓸 때는 또 무조건 앉아서 그린다.

털 달린 공작용 철사를 보며,

학생 : 여기 안에 철사 왜 있는 거예요?

아무 말 하지 않고, 일반 철사와 털실을 나눠주고 그 반응을 지켜보았다. 3분쯤 지났을까?

학생 : 아, 이제 알겠어요.

학생 : 똥 냄새난다고 했어요.

세 명이 다퉈서 왔다. 도대체 어떻게 이 설정으로 세 명이 서로 다투나 싶어서 이야기를 들어봤다.

– 용제(가명)가 애라(가명)한테 똥냄새 난다고 함.

– 애라는 자기는 똥 안 쌌다고 억울해함.

– 은희(가명)는 애라한테 손잡자고 했는데, 애라가 손잡기 싫다고 함.

친구한테 똥 냄새난다고 하면 안 된다, 손잡기 싫으면 안 잡아도 된다, 다른 사람이 나쁜 말 하면 무시하라고 타일렀다.

애라의 표정이 안 좋다. 용제가 자기 책상에 실수로 네임펜을 묻힌 모양이다. 다른 친구들이 물티슈로 열심히 지워 보려고 노력했지만, 유성 네임펜이라 지워지지 않는다. 거기에 애라는 그냥 책상에 앉아서 앞을 노려보고 있다.

용제가 사과를 했지만, 애라는 책상이 안 지워질 것 같아서 기분이 안 좋단다. 용제에게 지우개로 지워 보라고 하고, 애라를 복도로 데려나갔다.

나 : 선생님이 지우는 방법 알려줬으니, 곧 지워질 거예요

그래도 여전히 화난 표정을 풀지 않는다.

용제가 다 지웠단다. 애라를 교실로 데려가 다 지워진 걸 보여줬다.

나 : 어때? 깨끗하게 지워졌지?

그러나 아무런 대답도 하지 않고, 화난 표정 역시 풀지 않는다. 용제는 내심 애라와 다시 사이좋게 지내는 것을 원하는 것 같아, 다음 시간까지 애라에게 용제와 손잡고 있으라고 해주었다.

한 학생이 코피를 흘렸다. 항상 보는 거지만 피를 철철 흘리며 옷을 붉게 물들일 때마다 아찔하다. 그래도 세 번째라고 제법 익숙하다. 머리를 앞으로 숙이게 한 후 물티슈를 네댓 장 겹쳐대어 화장실로 데려갔다.

62일 차 미로찾기 놀이

화분 하나가 끝까지 싹이 나지 않았다. 냄새를 맡아보니 흙에서 썩은 냄새가 난다. 항상 물을 질척하게 주던 화분이다. 학생에게 씨앗이 완전히 죽어서 새로 심어야 한다고 말했다. 그런데 학생은 아무렇지도 않은 표정이다. 감정의 동요가 없다.

나 : 경애(가명)는 씨앗이 안 나서 기분이 어때요?

학생 : 잘 모르겠어요.

나 : 경애는 어떨 때 아쉬워요?

학생 : 못했을 때요.

나 : 뭘 못했을 때 아쉬워요?

학생 : 씨앗이 안 났을 때 아쉬워요.

이제서야 감정을 말로 표현하는 데 성공했다. 감정을 말로 표현하지 못하면 감정일까?

말과 표기가 다르다는 것을 받아들이기 어려워한다. [알악나바요], [싿이 나왁죠], [물을 조야해요], [어떡케자라쓰까] 등 잘못을 고쳐주면 고개를 끄덕거리긴 하지만, 뭔가 깨달았다는 표정이 나오지는 않는다. 우리는 도대체 맞춤법을 어떻게 배운 걸까?

미로찾기 놀이 학습지를 풀었다. 서너 문제쯤 풀었을까?

학생 1 : 선생님, 이 문제 답이 없어요!

학생 2 : 맞아요. 답 없어요!

출구와 입구가 연결되지 않은 잘못된 미로다.

나 : 답을 한번 잘 찾아보세요.

학생 : 이거 답이 없는데 어떻게 찾아요?

나 : 왜 답이 없다고 생각해요?

학생 : 여기서 여기로 가야 하는데 막혀 있어요.

흐뭇한 표정을 지으며 말했다.

나 : 네, 그게 답이에요.

학생 : ???

다른 반에 심부름 가기를 좋아한다. 항상 경쟁이라, 오늘은 한 번도 가지 않았던 학생을 불렀다. 그런데 한 학생의 답이 특이하다.

학생 : 선생님, 저는 심부름 가기 싫어요.

나 : 왜요?

학생 : 저는 원래 심부름 안 가요

의아한 기분이 들었다. 반항하는 마음은 아닐 거라고 마음을 다잡고, 다시 물어봤다.

나 : 왜 정화(가명)는 원래 심부름을 안 가요?

학생 : 예전에는 많이 갔는데 실수할까 봐요.

나 : 심부름하면서 실수 안 하면 되지!

학생 : 그런데 조금 자신 없어요.

심부름 가기 싫다는 학생을 억지로 심부름 보내는 것 같은 이 상황이 싫지만, 심부름을 보내는 것이 교육적으로 큰 도움이 되어 보이기도 한다.

나 : 그럼 친구랑 둘이 가는 건 어때요?

심부름 갔던 학생이 멋쩍은 표정으로 돌아왔다.

나 : 실수 안 하고 잘 했어요? 다음에도 심부름 갈래요?

잠깐 고민하더니 눈을 피하면서 대답한다.

학생 : 생각해보고요.

나 : 그럼 쉬운 심부름 주면 갈래요?

학생 : 네, 그건 갈래요.

정확히 문제가 뭐였을까? 일단 스스로 무언가를 책임져야 하는 상황을 더 줘 봐야겠다.

63일 차 삼각관계

나 : 알림 주머니에 뭐 들어있는 사람은 안에 있는 것 내세요

학생들 : 선생님, 전 아무것도 없는데요. / 저도 없어요. / 저도 없어요!

오늘따라 유독 모든 학생이 자신의 존재감을 어필한다. 왜?

나 : 있는 사람만 선생님한테 들고 오세요.

가정통신문으로 나갔던 대회 신청서를 걷는다. 두 명이 냈다.

학생들 : 선생님, 전 그거 안 나가요. / 저도 그거 안 나가요. / 저도요.

확실하게 알았다. 두 명만 나가는 거.

다른 학생 : 저도 안 나가요!

알았다고….

학생 : 순도(가명)가 자꾸 눈치 봐요

무슨 말인가 싶어 들어보니, 윤희(가명)가 순도한테 다가가면 뭔가를 숨기듯이 행동한다는 말이었다. 순도와 윤희는 지난 달에 서로 결혼할 거라고 했던 학생이다. 예삿일이 아닌 것 같아 쉬는 시간 동안 순도의 행동을 유심히 관찰했다.

정말 윤희가 다가갈 때마다 순도가 하던 행동을 멈추고 다른 행동을 하는 것처럼 보인다. 순도를 불러 물어봤다.

나 : 윤희랑 요즘은 친하게 지내요?

순도는 무슨 뚱딴지같은 질문이냐며 나를 쳐다본다. 내가 과민반응 했나?

〰

이어달리기를 했다. 세 번 역전이 나왔고, 마지막 주자가 상대 팀 선수를 잡아 역전하려는 순간 배턴을 떨어뜨려 졌다. 오늘은 이후에 어떤 활동을 해도 이것 이상의 인상을 줄 수 없을 것 같다.

〰

활동 마치고 교실 들어오는 길이 유난히 시끄럽다. 얘기를 들어보니 "너 채희(가명)를 좋아한다며?"라는 얘기다. 앞의 그 학생이다. 순도가 윤희가 아닌 다른 학생과 사귀게 되었다는 얘기다.

학생들 : 얼마나 좋아해? / 뽀뽀도 했어?

순도는 무덤덤, 채희는 얼굴이 빨개져 있다. 나름 둘만의 비밀이었는데, 밝히게 된 계기는 달리기 경주의 흥분도 한몫했으려나? 〈해리 포터〉 6권에서 '퀴디치'[24] 경기가 끝나자마자 해리가 지니에게 숨겨왔던 마음을 고백한 장면이 떠오른다.

---

24) 〈해리 포터〉 시리즈에 등장하는 가상의 스포츠입니다. 빗자루를 이용하며, 마법사들에게 큰 인기를 얻고 있습니다. 소설 속 가상 스포츠이지만, 현실에서도 존재합니다.

64일 차 아기돼지 도니도니

8시 39분, 신발장 앞에서 세월을 보내는 학생이 세 명 있다. 빨리 들어가라는 말 대신에 다른 전략을 쓴다.

나 : 오늘은 지각 안 했네요?

학생 : 오늘은 뛰어왔어요.

대화가 오가는 찰나 40분이 되었고, 종이 울렸다.

나 : 종 치기 전에 들어오면 지각 아니에요.

학생 : 우와아아아아~

지각이 버릇이 되지 않게 시간 약속을 지키는 즐거움을 가르칠 거다.

한 학생이 등교하자마자 강낭콩 화분을 확인한다. 세 번 고배를 마셨던 학생이다. 서른 먹은 나도 똬리 튼 떡잎이 신기한데, 7살 눈에는 얼마나 영롱하게 보일까?

만화책을 소리 내며 읽는 학생이 다시 나왔다. 만화가 재밌었는지, 글 읽기 연습을 해보고 싶었던 건지도 모른다. 그렇게 크지 않은 학생 목소리를 배경음악 삼아 아침 지도를 한다. 아이 글 읽는 소리가 부모에게 가장 듣기 좋다는 말이 무슨 뜻인지 대충 알 것 같다.

'프로보'(레고 비슷한 것)로 〈아기돼지 도니도니〉를 만들었다. 어떤 학생이 레고 블록 하나를 두 동강 냈다. 울상을 지으며 부러진 레고를 들고 온다.

나 : 일부러 부순 거예요?

고개를 젓는다.

나 : 공부하다가 어쩔 수 없이 부서진 것은 괜찮아요.

"휴~ 다행이다."를 입 밖으로 말하며 자리로 돌아간다.

만들었던 〈아기돼지 도니도니〉는 급식시간에 식당에서 활용되었다. 일단 돼지를 학생이 앉을 자리에 미리 앉혀 놓으면 돼지가 놓인 자리를 보고 찾아가 앉는다. 그리고 돼지가 지켜보고 있으니 남기지 말라는 말도 덧붙였다.

점심시간 교실로 돌아온 돼지 두 마리를 가지고 박치기를 하고 있다. 사실 뭐 한 번 정도는 할 줄 알았다. 돼지에 빙의해서 이렇게 말해줬다.

나 : 으으윽! 너네가 내 머리를 부딪히게 해서 너무 아파~

사과받았다. 나한테 한 건지, 플라스틱 조각에 한 건진 모르겠지만….

가정통신문 나눠줄 때 '무궁화 꽃이 피었습니다.'로 가져가게 했다. 내가 앞에서 칠판을 보고 있고, 내 옆에 가정통신문을 놓아두는 식이다. 내가 생각해도 기가 막힌 게이미피케이션(gamification)[25]이다. 이러니 학교가 재밌을 수밖에.

학생이 집에 간 후 교실 불을 끈다. 남향이라 밝다. 그런데 방과 후를 갔다 온 학생들은 꺼진 교실 불을 보고 항상 반에 다시 들른다.

학생 : 어, 선생님 안 갔네.

나 : 안 가[셨]네에요.

학생 : 선생님 안 가셨네.

나 : 그래요, 잘 가요~

학생 : 효도하겠습니다.

나 : 집에 가기 전에 화분에 물 주고 가세요.

학생 : 선생님, 저는 물 줄 수 있는 컵이 없어요.

그 말이 나오자마자 세 학생이 동시에 자기가 빌려주겠단다. 협력을 말로 배워 그저 따라 하는 수준이지만, 훌륭한 도덕성이다. 외곽순환도로 탈 때 얌체처럼 끼어드는 운전자들을 생각하면 국민 평균보다 높을지도 모른다.

25) 게임이 아닌 다양한 분야에 게임의 구성 요소 등을 적용해, 재미있는 요소들을 부여하며 게임처럼 만드는 것을 말합니다.

6월 June

나의 이야기 시작하기

65일 차 아바타 놀이

자음-모음 조합 학습지를 했다. 이를테면 [ㄴ ㅣ ㅏ ㅂ]라는 자모 세트를 주고 '나비'라는 낱말을 완성하는 것이다. 반에 유독 행동이 느린 학생이 하나 있다. 책 정리부터 식사까지 항상 느긋하게 한다. 그런데 그 학생이 다른 학생보다 배는 빠르게 학습지를 다 해서 들고 온다. 참 신기하다. 어떤 건 느린데 어떤 건 참 빠르다니.

싸움을 좋아하는 무리가 돼지 피규어로 박치기를 하다 혼난 이후로 돼지 피규어는 관심에서 멀어졌다. 역할놀이를 좋아하는 무리가 다시 가지고 놀기 시작했다. 〈숨바꼭질〉, 〈무궁화 꽃이 피었습니다〉 등을 돼지 인형으로 한다. 아니, 직접 하는 게 더 재밌지 않나 싶은데, 저것도 저거 나름의 재미가 있나 보다. 아바타를 내세우는 데서 오는 묘한 쾌감이 있나? 저런 맛에 SNS를 하는 것이 아닐까?

격무에 지친 몸을 스트레칭하기 위해 몸 놀이를 했다. 학생과 밀어내기 씨름을 했다. 처음엔 호기롭게 일대일로 덤비다, 안 되는 걸 알았는지 4대1로 덤빈다. 4명이 동시에 밀어대니, 적당히 부하가 걸리고 좋다. 그렇게 밀었다 당겼다 하는데, 몇 학생이 더 온다.

학생들 : 나는 선생님 편 할래. / 나는 선생님 밀래!

결국 반 전체가 모여서 밀어내기판을 벌였다. 아주 개판이었지만, 이런 개판, 학교가 아니면 어디서 해보겠는가. 매년 고학년과 하던 24인 25각이 생각난다.

어제 책상 위 이름표를 뗐다. 이름표가 손을 엄청 타서 많이 낡았기 때문이다. 그래서 오늘부터는 책상에 이름표가 없다. 그런데 이름표가 없는 상태로 책상 옮길 일이 생겼다. 무용 수업 때문에 쭉 뒤로 밀어야 한다.

학생 1 : 선생님, 이렇게 하면 책상 섞여서 못 알아볼 것 같아요.

학생 2 : 이름표 만들고 싶어요!

그래, 최고의 동기유발은 이렇게 학생이 직접 원해서 배우는 것이다. 내 입가에는 절로 미소가 서린다.

나 : 시간이 한 시간밖에 없는데 만들 수 있을까요?

학생들 : 네!

색종이로 나뭇잎 만들기를 했다. 어떤 학생은 종이 낭비 없이 모양이 뚜렷하고, 큼직한 잎을 많이 만들어 내는 반면, 어떤 학생은 종이 한 장을 어디에 썼나 싶을 정도로 작은 잎만 만들어 낸다. 잘한 학생 것을 보여주며 경쟁심을 일으켜 볼까 잠깐 고민도 했지만, 모두에게 칭찬만 잔뜩 해주었다.

다 만든 것을 섞어서 바닥에 뿌렸다.

학생 : 큰 거 작은 거 섞여 있으니까 진짜 낙엽 같아요.

나 : 우리도 생긴 게 다른 것처럼 잎도 마찬가지예요. 모든 학생이 열심히 잎을 만든 것 칭찬합니다.

나 : 오늘은 한 글자도 안 틀렸네?

학생 : 오, 예!

우리 반 편집장으로서 뿌듯하다. 작가님, 앞으로도 틀리지 마세요.

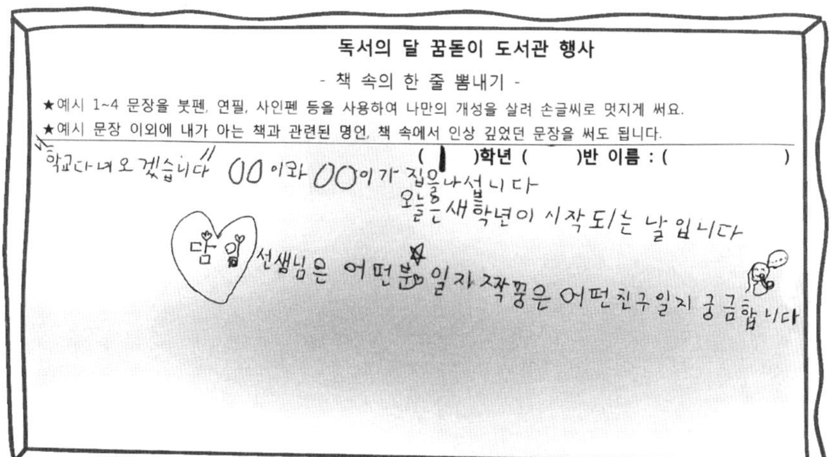
독서의 달 꿈돋이 도서관 행사

- 책 속의 한 줄 뽐내기 -

★예시 1~4 문장을 붓펜, 연필, 사인펜 등을 사용하여 나만의 개성을 살려 손글씨로 멋지게 써요.

★예시 문장 이외에 내가 아는 책과 관련된 명언, 책 속에서 인상 깊었던 문장을 써도 됩니다.

( )학년 ( )반 이름 : ( )

미래를 예언한 어린이?! (편집자 주: 책 제목)

66일 차 생명의 소중함

학생 : 실내화 여기가 좀 딱딱해요

실내화를 벗어보라고 한 뒤 발 마사지를 해주었다. 괜찮아졌다고 말하는데, 주말 사이에 발이 커진 것은 아닐까? 찍찍이를 조정하여 조금 넓혀 주었다.

한 학생이 화장실에 가고 싶다고 한다. 내 앞에서는 걷다가, 복도로 나가자마자 전력 질주를 한다. 복도로 나가서 학생이 오기를 기다렸다가 왜 뛰었냐고 물었다.

학생 : 화장실이 급해서요.

뛰고 싶어서 뛴 거 아니냐고 물으니 눈길을 피하며 웃는다.

책 읽다가 갑자기 크게 웃는 학생이 있다.

나 : 뭐가 그렇게 웃기니?

학생 : (동화책 내용을 보여주며) 이 나라에서는 당나귀들이 독한 술을 마신대요.

그게 웃기다는 것을 알다니!

강낭콩 씨앗이 세 번 썩은 화분에서 드디어 싹이 났다. 화분을 들고 건배하듯이 들어 보여줬다. 학생 얼굴이 활짝 폈다.

한글 배움이 느린 학생이, 그림책을 뚫어지게 보고 있다. 그림만 보지 않을까 싶어 옆에서 눈동자를 잘 관찰해봤는데, 오히려 글씨만 뚫어져라 쳐다보고 있다. 호오.

학생 : 연필 하나가 사라졌어요.
분실물 상자에 하나 있던 게 기억나서 이거 네 거니 물었더니 가지고 오라는 손짓을 한다. 잠깐 어이가 없었지만, 그냥 군말 없이 가져다 드렸다.

나 : 잎을 꼼꼼하게 관찰하세요.
학생 1 : 앞은 부드럽고 뒤는 꺼칠꺼칠해요.
학생 2 : 뒤에 조금 끈적해요.
나 : 그렇게 만지면 또 죽으니까 살살 만져야 해요.

작년까지만 해도 이랬다.
학생 : 우리 반은 화분 안 키워요?
나 : 전문으로 하시는 분들한테 사는 게 훨씬 간편하고 좋아요. 우리가 키워봤자 씨앗 학대고 생명 경시에요.
그런데 올해 생명의 소중함을 깨닫게 되었다. 아마 앞으로도 식물은 평생 키울 것 같다.

67일 차 실내화 한 짝

실내화 한 짝이 없어졌다. 자초지종을 들어보니 어제 집에 갈 때 한 쪽은 실내화 한쪽은 신발을 신고 나가서, 다시 들어와 신발로 갈아신었단다. 그럼 아마 실내화를 다른 학생 실내화 가방에 넣지 않았을까 싶어 뒤져 보았다. 없다. 학생은 눈만 깜빡이며 나를 보고 있다.

시간이 지나 [허은(가명)♡]이라고 적힌 실내화 하나가 우리 반으로 배달되었다.

나 : 허은아, 네 것 찾은 것 같은데요~

책을 보다가 몸을 비비 꼬며 나온다. 그런데 나오는 얼굴에 웃음기가 가득하다.

학생 : 화장실 갔다 와도 돼요?

그런데 왜 웃었을까?

스위치를 누르면 앞으로 가는 로봇을 만들었다. 어떤 작품은 좌우 균형을 맞추지 않아 자꾸 오른쪽으로 기운다.

나 : 이렇게 가는 이유가 무엇일까요?

학생 1 : 버튼을 이렇게 누르면 앞으로 가고 이렇게 누르면 옆으로 가요.

학생 2 : 진짜다! 우와 신기하다!

그냥 누르는 버튼인데 그럴 리가 있나?

어디서 배웠는지 자기들끼리 텔레파시 게임을 하고 있다.

학생 : 짜장면, 짬뽕 중에 하나~둘~셋!

그 모습을 지켜보는 데,

학생 : 이번엔 선생님, 엄마야! 하나~둘~셋!

귀가 쫑긋한다. 그런데 학생 둘 다 엄마라고 했다. 그래…. 엄마가 최고지.

알림장 마지막 줄에 '내일 하고 싶은 것'을 써보라고 했다.

학생 1 : [싶] 어떻게 써?

학생 2 : 그거 내가 써줄게.

그 모습을 흐뭇하게 바라봤다. 그리고 잠시 후 그 학생이 알림장을 들고 왔다.

[내고가하고시어요]

해석: 레고가 하고 싶어요.

아니 [싶]이라고 써준다며?

68일 차 출장가는 날

날씨가 더워지면서 무릎이 드러나는 하의를 입는 학생이 늘었다. 넘어지면 무릎 까질 텐데 어쩌지? 부모 걱정이라는 것을 어렴풋이 알 것 같다. 물론 애들은 어른들은 왜 저러나 싶겠지만….

학생 : 너 왜 어제 카톡 안 했어?
말에 제법 날이 서 있다. 답장을 기다리느라 짜증이 많이 난 모양이다. 정보통신윤리교육이 필요하다고 생각했다. 세상이 참 빠르게 변하긴 하는구나.

도서관에 책을 빌리러 오면 꼭 한 번은 들르는 곳이 있다. 바로 임시반납대이다. 친구가 반납한 책을 여기에 쌓는데, 많고 많은 장서보다도 친구가 빌린 책에 가장 관심이 가나 보다. 우르르 달려들어 쏟아버리기도 하는데, 청소는 항상 내 몫이다.

일과 중 출장 갈 일이 생겼다. 내가 없는 동안(보결) 해야 할 과제를 쭉 프린트해서 책상에 늘어놓았다. 그리고 몇 교시에 무엇을 해야 할지 알려줬다. 평소보다 설명이 짧아도 찰떡같이 기억한다. 자기들도 뭔가 사명감을 느끼는 걸까?

학생 1 : 선생님, 언제 와요?

나 : 세 밤 자고 올게요.

학생 2 : 왜요? 그럼 우리 너무 오래 못 보는데요

나 : 여러분도 어차피 세 밤은 집에서 자잖아요.

학생 3 : 아, 맞다 오늘 금요일이지?

나 : 선생님이랑 맨날 밥 같이 먹는 선생님 알지요?

학생 : 네! 2학년 y반 선생님이요!

나 : 그 선생님이 오늘은 여러분이랑 같이 밥 먹으러 갈 거예요.

학생들 : 휴~ 다행이다.

보결로 오시는 분이 나와 친한 사람이라는 것에서도 충분히 안심되나 보다.

학생을 뒤로하고 교실을 나서는 데 마음이 정말 무겁다. 쉬는 시간마다 보결 선생님께 전화를 드렸다.

보결 선생님 : 아~ 잘 있다니까!

세 번째 전화에서 들은 말이다.

69일 차 방법을 알려줘야 해

학생 : 선생님, 여기 화분 위에 조그맣게 난 이건 뭐예요?

잎의 새순을 손으로 만지면서 묻는다.

나 : 이건 아기 잎이라서 만지면 안 돼요. 지금 만지면 커서 이상하게 잎이 나와요.

눈을 똥그랗게 뜨고 쳐다본다.

∿∿∿

학생 : 물 이 정도면 돼요?

페트병 뚜껑만큼 조금 물을 떠 와서 화분에 줄 모양이다. 썩히지 않으려면, 차라리 저렇게 자주 주는 게 맞지 않나 싶기도 하다.

∿∿∿

나 : 선생님, 우리 합체했어요.

학생 둘이서 등깍지를 끼고 움직이고 있다. 그러다 싸울 것 같은 불길한 느낌이 들어 계속 쳐다봤지만, 다행히 아무 일도 없었다.

∿∿∿

나 : 친구들 학습지 끝내는 동안 조용히 놀아요.

그 말에 쎄쎄쎄를 하기 시작했다. 쎄쎄쎄가 조용하니? … 옆에 가서 시끄럽다고 속삭여줬다.

∿∿∿

낱말을 찾아서 완성하는 빙고는 발달에 여러 가지로 유익하다. 낱말 찾는 능력, 낱말 쓰는 능력, 그리고 숫자 감각까지. 그런데 도통 빙고를 잘 이해하지 못한다. 1개 딱 부르고 빙고 나온 사람하고 물어보면 전부 자기가 빙고 되었단다.

화장실 급한 학생은 표정에서 느껴진다. 그러나 간혹 아리송한 학생도 있다. 친구랑 놀고 싶어서 화장실 가는 학생이 나오는지 특별 단속해야겠다. 그 와중에 쉬는 시간에는 2인 1조로 눈 가리고 화장실 가기 놀이를 하고 있다.

학생 1 : 선생님이 도와주면 아무것도 못 한다고 했잖아!
학생 2 : 맞아, 방법을 알려줘야 해.
그래, 평생 따라다니면서 해 줄 수는 없잖니.

어떤 학생이 물병에 레모네이드(자칭 '레몬 물')를 들고 온다. 그리고 수업 도중 마시다가 책상과 가방에 쏟았다.
나 : 영희(가명)는 책상 닦으세요. 가방은 선생님이 닦아줄게.
물병과 가방을 들고 복도로 나와서 닦아 주었다.

닦으면서 남은 음료를 더이상 못 마시게 물병 뚜껑을 세게 돌려 닫았다. 지난번에도 레모네이드를 쏟아서 교실을 끈적하게 만들어 놓은 학생이라, 주의를 한 번 더 주었다.

나 : 선생님이 들고 오지 말라고 한 이유가 뭘까요?

학생 : 쏟으면 바닥이 끈적해져요.

한 20분 후 그 학생이 와서 해맑게 말한다.

학생 : 선생님, 이거 마실 건데 뚜껑 열어주세요.

나 : ….

감정을 다스리려 노력하며 학생의 눈을 쳐다보니 학생은 멋쩍게 웃다 들어간다.

외전

선생님의 식스센스

복도를 걷는다. 뒤에서 학생이 뛰어오는 것이 느껴졌다. 뒤를 돌아보지 않고도 알 수 있다. 어떤 표정과 자세로 왜 뛰는지도.

뛰지 마세요

발소리가 잦아들더니 학생이 나를 앞지른다. 그리고 내 얼굴을 올려다보며, 말을 건다.

선생님, 어떻게 알았어요?

선생님은 뒤통수에도 눈이 달렸다는 말, 진짜였다. 쉬는 시간에 자리에 앉아 가만히 눈을 감고 있노라면 학생들이 교실 어디서 무엇을 하고 있는지 느껴진다. 경마장 못지않은 소음을 내는 급식소에서도 "선생님!"을 찾는 소리는 정확히 귀에 내려꽂히고 예리하게 벼린 감각은 학생을 오감으로 느끼게 한다.

70일 차 지우개 왜 덮었어요?

문제를 다 풀고 지우개로 답을 가리는 학생이 있다.

나 : 지우개 왜 덮었어요? (1번)

학생 : 지우개로 이거 지우려고요.

나 : 지우개 왜 덮었어요? (2번)

학생 : 이거 쓰면서 지우개 써야 하니까요.

나 : 지우개 왜 덮었어요? (3번)

학생 : 지우개 필요해서요.

나 : 지우개 왜 덮었어요? (4번)

잠깐 내 눈을 빤히 보더니 고개를 떨군다. 잠시 후 고백이 이어진다.

학생 : 친구들 보여주기 싫어서요.

나 : 친구들 보여주기가 왜 싫어요?

학생 : 잘 모르겠어요.

나 : 공부를 잘하는 사람이 남을 도와야 할까요? 못하는 사람이 도와야 할까요?

학생 : 잘하는 사람이요.

나 : 윤희(가명)는 공부를 잘하니까 어떻게 해야 해요?

학생 : 친구를 도와줘야 해요.

나 : 저는 윤희가 공부 잘하는 거로 칭찬하지 않아요. 다른 친구를 도와줄 때 칭찬할 겁니다.

배가 아파서 힘들어하는 학생이 있다. 짝을 지어 보건실을 갈 거냐고 물었는데 못 걷겠단다. 이런…. 들쳐메고 계단을 뛰어 내려갔다. 웬만한 스쿼트보다 힘들다. 부모님께 연락하여 집에 보냈다. 학생 가방 싸는 것은 다른 학생이 도와주었다.

유독 10의 보수(補數)[26]를 못 구하는 학생들이 있다. 4 + 7 = 10이라고 하는 것은 물론이고, 5 + 5 = 10도 일일이 하나씩 세서 만든다. 쉬는 시간에 조용히 불렀다.

나 : 뭐가 제일 어렵나요?

학생 1 : 수 세는 게 어려워요.

학생 2 : 열 개 만들었는데 열 개가 아니에요.

학생 3 : 글씨 쓰는 게 어려워요.

그렇군….

점심시간에 상습적으로 지각을 하는 학생이 있다. 그래서 종 치기 5분 전에 데리러 나갔다.

학생 1 : 선생님, 왜 왔어요?

나 : 응, 여러분 안 다치고 잘 놀고 있나 보러 왔어요.

학생 2 : 시간 다 된 거 아니에요?

---

26) 각 자리의 숫자의 합이 어느 일정한 수가 되게 하는 수를 말합니다. 10의 보수란 10을 만들기 위해 보충해줄 수 있는 수, 예를 들어 2와 8은 서로 10의 보수입니다.

나 : 그것도 맞아!

학생들 : 우와아아아아아~

그래, 답답하면 내가 나가야지. 아직 시계도 못 읽는데….

한 학생이 다한 보드게임을 내밀며,

학생 : 이거 어디 놔두는 거예요?

나 : 어디서 꺼냈어요?

학생 : 모르겠어요.

계속 쳐다봤다. 다른 학생이 나 이거 어디 두는지 안다며 데려갔다.

(이전 수업에서 색연필 사용)

학생 : 선생님, 제 색연필이 없어졌어요.

나 : 창신(가명)이의 색연필이 어디 있을까요?

학생 : 사물함에도 없어요.

나 : 창신이의 색연필이 어딨는지는 창신이가 세상에서 제일 잘 알지 않을까요?

학생 : 아, 혹시 책상에 있나? … 있어요!

미소를 듬뿍 담아 쳐다보았다. 내 눈을 피한다.

71일 차 비 오는 날

아침에 집을 나서는데 비가 쏟아진다. 이거 우물 리그는 못하겠구나. 주말 동안 많이 준비했을 텐데 실망하는 모습이 그려진다.

학생 : 선생님, 우산이 안 묶어져요.
예상했던 문제다. 가서 묶어줬다. 다행인 것은 그 이후로는 우산을 묶어달라는 학생이 나타나지 않았다. 묶는 방법은 누가 가르쳐줬을까?

비옷을 많이 입고 왔다. 똑딱이 단추는 왜 이렇게 많은지, 떼도 떼도 끝이 없다. 참으로 실험적인 디자인이다. 군필자의 필수품인 판초 우의가 생각난다.

복도를 질주하는 학생이 있다. 복도 통행이 일종의 친목 도모 레이싱이다. 어떻게 접근하면 좋을지 고민이다. 일단 잡힌 학생에게 뛰면 안 되는 이유를 알려주고 호되게 꾸짖었다. 그런데 뛰면 안 되는 이유를 물어보면 너무 잘 대답하던데 왜 뛴 걸까?

점심 먹고 이를 닦던 학생이 로봇을 만지기 시작하더니 입에 계속 칫솔을 물고 몰두해있다. 로봇을 향한 사랑은 입안에 든 칫솔도 잊게 한다. 그래 그거야!

뭘 하는지 봤더니 칫솔을 물고 로봇을 다루고 있어요. 집중력 최고입니다.

72일 차 등에 포스트잇 붙이기

수학 문제를 유난히 늦게 푸는 학생이 있다. 자세히 보니 2+3을 하나씩 세서 더하고 있다. 가르기, 모으기 훈련을 더 시켜야겠다.

연필 쥐기를 다시 가르쳤다. 연필은 세 손가락으로 쥔다는 것을 알려주기 위해, 연필 쥐고 토끼 모양, 연필 검지에 올려놓고 '균형 잡기', '무궁화 꽃이 피었습니다' 등 별걸 다 해봤다. 조금은 효과가 있으려나? 내일 다시 봐야겠다.

원터치로 열리는 꼭지가 있는 통에 음료수를 가지고 왔다. 그런데 굳이 힘들게 뚜껑을 돌려 물을 마신다. 알려주기로 했다.

나 : 꼭지로 물 마실 수 있어요. 알아요?

학생 : 근데, 그럼 아기 같잖아요.

뭐라는 거니….

학생 : 얘들아, 선생님이 뛰지 말라고 했잖아!

무척 감격스럽다. 문제는 그 학생도 뛰는 학생을 뛰어서 쫓아가서 하는 말이라는 것이다. 이동식 과속 단속 카메라가 과속을 하고 있다.

학생 : 선생님, 누가 이거 제 등에 붙였어요.
'바보'라고 쓰여있다.
나 : 좋은 말이 아니네요. 아주 속상하죠?
학생 : 아니요!
나 : 알겠어요. 일단 들어가세요.
자세히 살펴보니 몇몇 학생 사이에 포스트잇 붙이기가 유행처럼 번지고 있었다.

제일 처음에 [소제(가명)야 고마워]라고 적힌 포스트잇을 현경(가명)이가 소제의 등에 붙였다. 그리고 소제는 [바보]라고 적힌 포스트잇을 현경이에게 붙였고, 유행은 거기서부터 시작되었다. 두 학생을 불렀다.
나 : [소제야, 고마워]는 왜 붙였어요?
학생 1 : 친해지고 싶어서요.
나 : [바보]는 왜 붙였어요?
학생 2 : 등에 붙여서 기분이 나빠서요.

나 : [소제야 고마워]가 좋은 뜻이에요? 나쁜 뜻이에요?
학생 2 : 좋은 뜻이요
나 : [바보]는요?
학생 2 : 나쁜 뜻이요.
(중략)
나 : 등에 몰래 붙여서 기분이 나빴죠? 그럴 때는 선생님한테 먼저 말해줬으면 좋겠어요.

73일 차 이상한 주문

학생 : (손가락을 보여주며) 이렇게 베였는데 아파요.

나 : 보건실 갔다 오세요.

두 발자국 가더니 되돌아온다.

학생 : 이젠 안 아파요.

복도에서 뛰는 학생을 발견했다. 신나서 계단을 날듯이 내려오는 학생을 붙잡았다.

나 : 뭘 잘못했을까요?

학생 : 뛰었어요.

나 : 왜 뛰지 말라고 했을까요?

학생 : 다른 사람한테 피해줘서요. 또 다칠 수 있어요.

나 : 조금 혼날래요? 많이 혼날래요?

학생 : 조금요.

나 : 왜요?

학생 : 무서워서요.

나 : 조금 잘못했어요? 많이 잘못했어요?

학생 : 많이요.

그 말과 함께 내 눈길을 피한다. 그래, 반성이 중요한 것이지 혼나는 농도가 중요하겠는가?

서로 다툰 학생이 있어서, 어깨를 잡고 공중 2회전을 시켜줬다. 탑승자 입장에서는 360도 바이킹과 비슷했을 것 같다. 혼나고 나서 웃는다. 씩 웃고 다신 안 싸우기를….

심부름을 시켰다.

나 : 선착순 6명! 여기까지만 할거에요. 나머진 들어가세요.

6명을 제외하고 모두 슬프게 나를 쳐다보고 있다. 귀여워라.

랭킹 큐브 10개짜리를 쭉 연결했다. 100개쯤 연결하니 나보다 키가 크다. 한 학생이 말한다.

학생 : 우와~ 보검이 오빠 키 같다.

내가 아는 그 박보검? 오빠가 아니라 너희한텐 아저씨 아니냐….

쪼그려뛰기로 [무궁화꽃이 피었습니다]를 했다. 체력 운동에 아주 아주 좋다. 세 판쯤 하고 나면 복도에서 뛸 체력이 다 고갈되지 않을까?!

학생 : 빠리빠리 레쏘빠리~

가위로 종이를 자르며 이상한 주문을 흥얼거린다. 도대체 어디서 들은 거야? 리듬을 이어받아 나는 다른 주문을 외웠다.

나 : 시천주조화정영세불망만사지~[27]

학생들이 물끄러미 나를 바라본다. 이상한 주문은 너희도 마찬가지거든?

∿∿∿

학생 : 날아오르라, 주작이여~

학생 하나가 노래를 부른다. 유튜브를 즐겨 보는 학생이 그리 많지는 않다. 하지만 일부는 분명 유튜브의 영향을 강하게 받고 있다. 땅바닥에 누운 자세가 '배그 기모띠' 자세라고 하는 걸 보면 더더욱 그렇다.

∿∿∿

나 : 어제보다 훨씬 덜 뛴 것 칭찬합니다. 내일도 뛰면… 무섭게 혼낼 거예요.

1학년에게는 무섭게 혼낸단 말 이외에 더 할 말이 딱히 없다. 선생님이 속상하다고 할 걸 그랬나?

∿∿∿

글을 모른다고 해서 사랑을 모르겠는가? 친구에게 보내는 편지를 보면 글자는 틀렸지만 진심이 듬뿍 담겨있다.

네 이름은 OOO이야
친나게 지내지-
010 0000 0000

27) 동학의 핵심사상이 담겨있다는 주문입니다. 이때쯤 드라마 〈녹두꽃〉을 한창 재미있게 봤습니다.

74일 차 어느 나라 사람 같아요?

다문화 수업이 있어서 몽골 국적 강사님과 같이 수업을 진행했다.

나 : 이 선생님은 어느 나라 사람 같아요?

학생들 : 중국이요! / 일본이요! / 미국! / 한국이요!

나 : 몽골 들어봤어요?

학생 : 네!

이런 거짓말쟁이들. 아는 나라라곤 중국, 일본, 미국, 한국이 전부인 거 다 안단다.

나 : 어디서 들어봤어요?

학생 : 유튜브에서 들어봤어요.

'!'

종이 자르기를 하는 데 먼저 쓰레기를 치운 모둠 학생이 다른 학생에게 비아냥거린다.

학생 1 : 니네 책상 난리네 난리.

학생 2 : 그렇게 말하면 안 되지!

학생 1 : 아니, 나는 니네 책상에 쓰레기가 많다고.

듣고 있자니 심해질 것 같아서 급히 끼어들었다.

나 : 처음부터 책상에 쓰레기가 많다고 말을 해야죠. [난리다]는 나쁜 말이잖아?

말문을 연 학생이 눈이 똥그래져서 나를 쳐다본다.

학생 1 : ….

나 : 너희 책상은 왜 난리가 아니에요?

학생 1 : 다하고 치웠어요.

나 : 그럼 어떻게 해야 하죠?

학생 1 : 도와줘야 해요.

슬며시 일어나더니 친구 책상을 치워주고 있다.

교실 바닥에 얼음이 떨어져 있다.

나 : 얼음 누가 흘렸나요?

학생 : 저 아니에요, 누구지?

나 : 쉬는 시간에 얼음 먹은 사람 다 앞으로 나와보세요.

학생 : 나 아닌데?

나 : 자기가 그랬을지도 모른다고 생각하는 사람 손 들어보세요.

네 명이 손을 든다. 그중에는 "나 아닌데?"를 외치던 학생도 있다.

나 : 자기가 흘린 것 같은 사람이 치우는 게 나을까요? 아니면 선생님이 아무나 시켜서 치우는 게 나을까요?

[얼음]과 [난리] 두 사건을 묶어서 혼냈다. 그리고 15분을 줄 테니 선생님이 실망하기 전으로 돌려놓으라고 했다. 부산히 움직이며 쓰레기를 줍는다. 나는 걸레를 가지러 화장실에 갔다. 근데 그 사이에 무용 선생님이 교실에 들어온 모양이다.

무용 선생님과 학생의 대화를 전해듣기로는 다음과 같다.

무용 선생님 : 너네 뭐하니?

학생들 : 청소요, 우리 반성하고 있어요.

무용 선생님 : 이번 시간 무용이니까 책상 뒤로 밀어줄래?

내가 걸레를 들고 교실로 돌아왔을 때는 학생들이 책상을 밀고 있었다.

무용 선생님 : 반성 그만하고 지금은 무용 수업 준비부터 하세요!

학생들 : 반성 시간 15분 중에 아직 5분 남았어요!

무용 선생님 : ….

무용 선생님께 죄송한 마음이 들었다.

식물이 부쩍 시들어서 시래기처럼 변한 것이 있다. 긴급 처방으로 물을 많이 주라고 했다.

학생 : 이만큼이면 돼요?

나 : 조금 부족한 것 같은데요.

학생 : 두 번 더 따라야 해요?

나 : 아니, 한 번.
배수의 개념을 잘 이해하고 있는 걸까? 어쨌든 다행히 딱 두 배만큼 따라왔다.

모둠별로 알림장 글씨를 하나도 안 틀리면 스티커를 주겠다 하니 최고의 팀플레이가 시작됐다. 어떤 학생은 [업] 어떻게 쓰냐고 묻길래 [없]을 알려줬더니 [국어 수없이 재밌다] 라고 써서 스티커를 받지 못했다. 이거… 내 잘못인가?

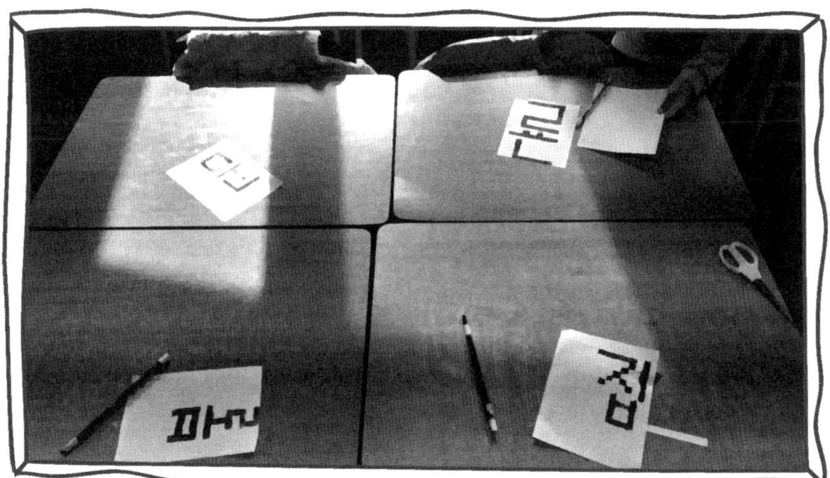

글자를 배울 때 선으로 배운다고 말씀드렸죠? 점으로 바꾼다면 어떻게 인식할까요?

75일 차 신문물 전파

방송으로 학생회 회의 결과를 발표하겠단다. 당연히 "학생회가 뭐지?"라며 자기들끼리 떠든다.

나 : 여러분이 학교에서 무엇을 할지 결정할 수 있어요, 예를 들어, 급식에 어떤 반찬이 나왔으면 좋겠는지 학생회에 말하면 돼요.

이해를 돕기 위해 말했는데 과연 급식 결정이 학생회에서 가능한가?

∿∿∿

학생회에서 휴지에 물 묻혀서 벽에 던지지 말라고 발표했다.

학생 1 : 저도 본 적 있어요.

학생 2 : 저기 4층 화장실에 가면 있어요.

나 : 그런 거 보면 떼세요.

학생 1 : 키가 안 닿아요.

아…!

∿∿∿

줄넘기를 알아서 풀고 있다. 속도는 느려도 도움을 요청하지 않고 해내려는 그 자세가 어찌나 기특한지 모르겠다. 사실 도와달라고 해봤자 나는 스스로 할 수 있을 때까지 방법만 알려준다.

∿∿∿

카프라(KAPLA)[28] 쌓는 게 무척 재밌다. 다들 우물 정(井) 모양으로 쌓고 있길래 신문물(삼각형 쌓기)을 전파했다.

로봇 경주를 했다. 정비 시간을 가진 뒤, 트랙에서 기록 재기를 했다. 머리를 땅에 박던, 옆으로 가던, 공학 이론은 중요하지 않다. 속상한 마음에 이것저것 바꿔 끼다 보면 되기도 하고 안 되기도 한다. 해보면서 각자가 느낀 바가 있기를. 그래도 다들 하는 말이 있다.

학생 : 어려운데 재밌어요!

여름이니까 물개 로봇을 만들걸 그랬나?

컬링 보드게임이 도착해서 규칙을 설명했다. 의외로 한 번에 알아듣더니 자기들끼리 게임을 한다. 게임 규칙이 직관적인가? 아니면 내가 설명을 잘한 건가? 가까이 다가가 봤다. 한 샷 한 샷마다 환호성이 터져 나온다. 기존에 알던 것과는 다른 컬링 규칙으로 게임을 하고 있다. 너희들 그냥 빨리 굴려보고 싶었구나!

28) 탑 쌓기 놀이의 일종입니다.

[찾아오는 미술관] 행사에서 보티첼리의 [비너스의 탄생]을 봤다.

학생 1 : 왜 옷을 벗고 있어요?

나 : 비너스는 아름다운 여신인데 여기서는 처음 태어났어요. 여러분도 처음 태어났을 때는 옷을 안 입죠?

학생 2 : 네! 아, 그래서 저기 옆에서 옷 입혀 주려고 오고 있어요.

분위기가 어수선해지면 어쩌나 걱정했는데, 오히려 더 순수하게 받아들여 줘서 고맙다.

무척 집중해서 그림을 보고 있어요.

76일 차 글자가 가까워졌어요

독서시간에 떠든 학생에게 말을 건넨다.

나 : 조금 혼날래요, 많이 혼날래요?

학생 : 안 혼날래요.

학생을 지그시 쳐다보다가 결국 웃고 말았다.

학생 : 밥 먹을 때 원경(가명)이랑 같이 앉고 싶어요.

나 : 왜요?

쉽게 대답하지 않는다. 이유를 말해야 앉게 해주겠다고 했다. 30초쯤 쳐다보니 말문을 연다.

학생 : 저 아플 때 도와줬어요.

놀이터에서 봉 타고 내려오는 기구에 도전하기 시작했다. 무서워서 차마 뛰어내리지는 못하고 절벽(?)에 앉아 서로 이야기꽃을 피운다.

학생 1 : 할 수 있을까?

학생 2 : 밑을 보면 더 무서워.

내가 기운이 좀 있었다면 몸을 매트 삼아 도전해보라고 했을 텐데, 오늘은 몸살 기운이 심해서 애써 외면했다. 다음번에 꼭 뛰게 해줄게.

나 : 여러분이 잘해서 상을 하나 주려고 해요. 뭐 잘 했는지 말해 볼 사람?
학생 1 : …. 아! 우리가 안 싸우고 선 안 넘고 줄넘기했어요.
나 : 좋아요. 놀이터에서 노는 상을 주려고 하는데….
학생 2 : 선생님, 옥희(가명)가 구두 신어서 안 돼요. 아픈 친구는 같이 못 놀아서 안 돼요.
아, 너희들….

블록 쌓기를 하는 조이(가명)에게 누군가 같이하자고 했다. 조이는 기분 나쁜 표정을 지으며 허공을 쳐다본다. 불렀다.
학생 : 같이 놀지 말지 고민하고 있었어요.
나 : 학교에서는 같이 놀지 말지 고민하는 거 아니에요. 집에서 혼자 노는 건 고민해도 되지만 학교 놀잇감은 우리 모두 같이 쓰는 거예요.
학생 : 네, 이제 알겠어요.

TV 모니터의 글씨를 크게 해줬다.
학생 : 선생님, 글자가 가까워졌어요!
표현이 참 신기하다.

77일 차 **가르쳐 줄 때 잘해**

학생들이 로봇 조립을 꽤 잘하길래 쉬워하는 줄 알았는데 엄청 어렵단다. 그에 비해 헤맸던 학생의 발전도 돋보인다. 블록 이름을 구분 못 하던 학생이 이제 다른 학생을 가르쳐주고 논리적으로 틀린 부분을 찾아내곤 한다.

그 와중에 시종일관 "나 이거 엄청 잘해요.", "전 쉬운 거 만들기 싫어요."만 말하던 학생은 처음보다 조금도 나아지지 않았다. 결국 다른 학생이 물개 로봇을 만드는 동안 아무것도 만들지 못했다.

시무룩하게 앉아 있었던 한 학생이 교실로 들어오며 펑펑 운다.
학생 : 엄마 아빠가 보고 싶어요.
가만히 손을 잡아 끌고 협의실로 갔다. 학생을 업고 협의실을 몇 바퀴 돌았다. 진정은 되었지만, 여전히 울음기가 가득하다. 전화를 걸어 엄마 목소리를 들려주기로 했다. 진정이 되었다.

학생 : 선생님, 손이 저려요.
나 : 응, 그거 너무 울어서 그래요. 좀 가만히 앉아있어 봐요.

로봇 조립이 눈에 띄게 느린 학생이 있다.
학생 : 저희만 아직 못 만든 것 같아요.
나 : 아니에요. 너희가 더 꼼꼼하게 만드느라 늦은 거예요.
웃는다. 그래, 우리는 벌 받으려고 태어난 게 아니니까.

학생 : 이거 '시어요'가 아니라 '싶어요'는 피읖이야.
빨리 검사받고 싶은 마음에 친구가 글씨를 가르쳐 주는데도 무시하고 나온다. 그러다 나와 눈이 마주쳤다. 멋쩍게 웃으며 자리로 돌아가서 지우개를 꺼낸다. 가르쳐 줄 때 잘해!

처음에는 어려워했지만, 이제는 제법 야무지게 도구를 이용하여 로봇을 조립한다. 고사리 같은 손으로 핀 따위를 돌려대는 모습을 보니 기특하다. 문득 이상한 이미지가 떠올랐다. 지구의 어느 곳에는 이만한 아이들이 로봇 대신에 총이나 폭탄 따위를 조립하는 모습 말이다. 그 아이들에게 총이나 폭탄 따위를 다루는 과정이 교육으로 취급될 것이다. 매우 서글퍼졌다. 온 세상 아이들이 평온하기를….

외전

친구가 되는 멋진 방법

첫 번째로 인사하기
친구 얘기 들어주긴 두 번째
세 번째엔 진심으로 맞장구치기
그 다음에 시작하는 나의 이야기는 네 번째
하고픈 말 빨리하고 싶지만 조금만 기다려요

하하하하 눈빛 웃음 주고 그래그래 마음 깊이 이해하고
맞아맞아 진심으로 나누다 보면
정말정말 내 친구가 된 것 같은 느낌이 가득
친구가 되는 제일 멋진 방법은 마음으로 들어주기

– 동요 「친구가 되는 멋진 방법」 중에서

와…!

78일 차 빈 자리

우리 교실은 2층이다. 2층 창밖으로 나를 내려다보던 학생이, 내가 출근하자 현관으로 내려와 맞아준다.

나 : 왜 나왔어요?

학생 : 2층… 선생님….

반갑고 고마운 마음에 말없이 머리를 마구 헝클어뜨려 주었다.

∿∿∿

학생 : 아, 이거 너무 쉽잖아요? / 이거 다 아는 건데! / 이걸 왜 몰라?

보드게임에서 진 친구가 분이 풀리지 않는 모양이다.

∿∿∿

보드게임 '도전 골든벨'을 같이 했다. 객관식 문제를 푸는 보드게임이다. 문제를 듣지도 않고 찍어서 맞춘 후 좋아하는 학생들도 있다.

∿∿∿

보드게임에서 진 친구가 분이 풀리지 않는 모양이다.

나 : 경희(가명)는 공룡 이름도 잘 알고, 나라 이름도, 국기 이름도 잘 알죠?

친구들은 잘 모르는데도 경희보다 훨씬 더 빨리 맞췄는데 어떻게 생각하냐고 물었다. 분하단다. 노력하지 않으면 아무것도 할 수 없다고 말해주었다.

∿∿∿

학생 : 선생님, 관빈(가명)이 자리가 없어졌어요.

전학 간 학생의 빈 자리를 보고 그리워한다. 책상을 치웠더니 슬픈 눈으로 책상을 보고 있다.

학생 1 : 영신(가명)이가 너 그것도 모르냐고 놀려요.

학생 2 : 놀린 거 아니에요.

가만히 살펴보니 원하지 않는 타이밍에 도움을 준 것을 놀렸다고 생각하는 것 같다.

나름 자기들끼리 책 예약 제도가 있다. A가 반납하고 나면 B가 빌리기 같은 식이다. 그런데 그게 친한 친구 무리를 중심으로 돌고 있다.

학생 : 선생님, 말씀드릴 게 있습니다.

학생 하나가 새삼 진지한 표정을 짓고 다가온다.

나 : 뭐예요?

굉장히 씩씩한 목소리로 화답한다.

학생 : 주말에 아팠습니다.

잠깐 당황했지만, 으레 하는 말로 되돌려 주었다.

나 : 아픈데도 학교에 오고…. 칭찬합니다.

79일 차 공개수업 하는 날

공개수업이 있는 날이다. 누가 잘 했냐고 물어보면 나는 항상 이렇게 대답한다.

나 : 일인데 뭐. 스테이플러 예쁘게 찍었냐랑 똑같은 질문 아닌가?

그래도 항상 수업하고 나서 되돌아보면 준비하는데 많은 신경을 썼다. 학생들도 마찬가지일 거다. 뒤에 계신 부모님 탓에 부끄럼을 타며 평소와 달리 발표를 하지 못하는 학생이 있다. 수업이 끝나고 학생들에게 물어봤다.

나 : 오늘 공개수업 어땠어요?

학생들 : 재밌었어요! / 또 하고 싶어요! / 맨날 맨날 하고 싶어요.

학생 : 저 꿈꿨는데, 8시에 학교를 왔어요, 근데 어떤 오빠 두 명이 있는데, 제가 무서워서 우니까 갑자기 선생님이 막 달려왔어요.

알듯 말듯 해몽이 될 것 같기도 한데 굳이 해몽하느니 간단한 말로 되돌려 주었다.

나 : 선생님이 구하러 왔어요. 괜찮죠?

학생 : 그러니까 내가 이겼지!

언성이 높아지길래 가봤다. 보드게임 〈도블〉을 하고 있다.

학생 : 내가 18점이고 니가 21점이니까 내가 이긴 거잖아.

이 게임은 점수가 높은 사람이 이기는 게임이었다. 나머지 세 명은 그 친구를 안타까운 눈으로 쳐다보았다. 나는 슬그머니 자리를 떴다.

학생 : 갑자기 코가 부서졌어요.

울먹이며 (로봇 조립) 도움을 요청한다. 상식적으로 정말 갑자기 코가 부서졌겠냐? 그러나 딱히 지적해주지는 않았다.

학생 : (2학년한테) 너, 우리 반 누구누구보다 키 작네?

그 말을 들은 2학년 학생이 어지간히 성이 났는지 1학년 학생의 등을 3대가량 때렸다. 나를 포함하여 삼자대면을 하고 상담했다.

“2학년 오빠는 마음이 얼마나 아팠을까?”로 시작하여 각자의 입장에 빙의(?)해서 상담을 시작했다.

상담이 끝날 무렵 서로 미안하다고 펑펑 운다. 무엇이 미안한지 얘기하고 묻고 서로 사과했다. 선생님 마음에 상처가 나서 아직도 너무 아프다며 가슴을 쥐어 잡았더니, 당혹스러운 표정을 짓는다. 지켜보겠다고 했다. 나는 때린 2학년이 훨씬 나쁘다고 생각하지만, 티는 내면 안 되지. 우리 애(?) 버릇 나빠질라.

반 단체 사진을 흑백 프린터로 뽑아 나누어 준 적이 있다. 한 학생이 그걸 알림장에 붙이고 다닌다.

학생 1 : 너 어차피 알림장 다 쓰면 버릴 건데 왜 붙여?

학생 2 : 타임캡슐에 넣을 건데?

학생 1 : 아, 그렇구나! 나도 엄마한테 붙여달라고 해야지.

흐뭇~

〈레오나르도 다빈치〉가 너무 길다고 다빈치만 쓰면 안 되냔다. 토머스 에디슨은 에디슨이고, 알베르트 아인슈타인도 아인슈타인 아닌가? 그러라고 했다.

보드게임 〈할리갈리〉를 가르쳤다. 규칙을 아는 학생도 더러 있는데 제 마음대로 규칙을 해석한다. 5명을 모아서 규칙을 가르쳐주고 떠나려는 찰나 묻는다.

학생 : 이 게임도 심판 있어요?

나 : 아뇨, 이건 여러분들 모두가 서로 심판이에요.

학생 : 야, 이건 우리가 심판이래! 우와!

80일 차 기대에 부응하기

8시 10분에 학교에 도착했다. 반에 불이 켜져 있다. 교실로 들어가니 학생 둘이 앉아 있었다.

학생 1 : 선생님은 3등이라고 했잖아?

학생 2 : 진짜네.

기대에 부응해서 다행이다.

"선생님 지각했어."라는 말이 나오는 배경을 알 것 같다. 3등 못했으면 또 선생님 지각이라고 했으려나?

나 : 왜 이렇게 일찍 왔어요?

학생 : 엄마가 오늘은 빨리 태워줬어요.

간밤에 잠을 잘못 자서 어깨가 결린다. 아파서 멘소래담을 바르고 왔다.

학생 1 : 윽, 선생님! 어디서 이상한 냄새나요!

학생 2 : 파스 냄새 같은 거예요.

나 : 파스 냄새 심해요?

학생들 : 네!

나 : 선생님이 너무 아파서 그러는데 한 번만 봐주면 안 될까?

학생들 : 네, 괜찮아요.

어깨보다도 파스 바른 손에서 나는 냄새 덕분에 학생들이 안아서 들어 올려달라는 요구를 안 한다. 다행이다.

애(사랑) 국(나라) 가(노래)의 각 글자 뜻을 알려주고 무슨 노래일지 맞춰보게 했다.

나 : 국화는 무슨 뜻일까요?

학생 1 : 음, 나라의 꽃이요.

학생 2 : 근데 이거는 애국화라고 왜 안해요?

나 : ….

진짜 모르겠다. 궁지에 몰렸다. 얼른 말을 돌린다.

나 : 오늘은 무궁화 그리기 대회를 할 거예요.

먼저 무궁화 색칠 도안을 나눠주고 사진을 보여줬다.

나 : 무궁화는 무슨 색일까요?

학생들 : 하얀색이요! / 핑크색이요!

나 : 선생님이 보여주는 사진을 보고 무궁화를 색칠해 봅시다.

학생 : 선생님, 그런데 저는 제가 좋아하는 다른 색으로 칠하면 안 돼요?

나 : 이건 우리나라가 좋아하는 꽃이니까 우리나라가 좋아하는 색으로 칠해주세요.

학생 : 알겠어요.

그림을 빨리 그리고 덮는 학생들이 있다.

나 : 조금 더 그려볼까요?

학생 : 다 그려서 그릴 게 없는데요.

나 : 달리기는 빨리 들어오면 끝이죠?

학생 : 네.

나 : 지난번에 줄넘기 대회는 어땠어요?

학생 : 많이 해야 돼요.

나 : 시간이 남았으면요?

학생 : 계속 많이 해야 돼요.

나 : 그림 그리기 대회는 어떻게 해야 할까요?

조용히 빈칸에 무궁화를 하나 더 그리기 시작한다.

나 : 주어진 시간에 최선을 다하세요.

쉬는 시간에 서로 모여 이빨 얘기한다. 발단은 어제 아래 앞니를 뺀 학생의 자랑이었다.

학생 1 : 난 6살 때 7개 뺐다.

학생 2 : 우와, 난 아직 2개밖에 안 뺐는데….

학생 3 : 난 3개.

학생 1 : 선생님은 이빨 몇 개 뺐어요?

나 : 선생님은 다 뺐죠.

사실 사랑니는 안 뺐지만, 굳이 그런 얘기까지 해줄 필요는 없겠지….

81일 차 많이 칭찬해주세요

심한 목감기에 걸렸다. 목이 아파서 말을 못 한다고 하니 조용히 다가와서 입 모양으로 물어본다.

학생 : …(소곤소곤) 선생님, 머리 잘랐어요?

나 : 응!

그런데 너는 왜 입 모양으로 말하는 거야?

– 학교 방송 –

미처 못 챙긴 4학년 체육 창고 열쇠를 1학년 이혜련(가명) 학생이 열쇠를 습득하고 2학년 유관순(가명) 학생과 4학년 이화림(가명) 학생이 4층에 가져다주었습니다. 큰일 날 뻔했는데 덕분에 잘 해결되었습니다.

이혜련 학생과 유관순 학생, 이화림 학생을 많이 칭찬해주세요.

나 : 선생님이 지금 목이 아파서 말을 못 해요. 어제 혜련(가명)이가 체육 창고 열쇠 찾아줬니?

(끄덕)

나 : (토닥토닥) 잘했어요. 아주 잘했어요. ^^

웃는다.

급식에 아이스크림이 나온단다. 뒤처리할 생각을 하며 기합을 넣는다. 아니나 다를까 20여 명의 껍질을 모두 까주었다. 그래도 맛있다며 먹는 모습을 보니 힘든 기색이 지워진다. 나는 아이스크림 안 먹었다.

복도에서 뛰었다고 똥 싼 거 소문낸다는 협박을 한다. 어디서부터 잘못된 걸까? 복도에서 뛴 것이 잘못이라는 것을 아는 것과 친구가 똥 싼 것을 소문내는 것이 잘못이라는 걸 아는 것은 서로 다른 걸까?

주말에 하고 싶은 것을 쓰라고 했더니, '결혼'이란다. 결혼식에 가는 건 알고 있었지만 이렇게 보니 매우 당황스럽다. 우리 반 두 학생의 이모와 삼촌이 서로 결혼을 한다. 한 학생은 축가를 부른다길래 다른 학생은 뭐하냐 물었더니 아무것도 안 한단다.

82일 차 집주소 찾기

학교에 조금 늦게 왔더니 1층까지 마중 나와 있다. 귀여운 것들.

교실에 들어오는 데 불이 꺼져 있다. 왜 불이 꺼져 있냐고 물었더니, 놀래켜 주려고 그랬단다.

자기 집 동 호수를 모르는 학생이 5명이나 있다. 우리 어릴 때는 집 주소 외우는 게 필수였는데, 요즘은 아닌가?

1280호, 214호…. 아무리 주소를 찾아봐도 그 아파트가 그런 동 호수를 가지고 있지는 않다. 허허….

세 학생이 아침에 지각을 했다. 문방구에 들러서 이것저것 사느라 늦었단다. 혼나고 난 뒤 한 학생이 조용히 나에게 와서 거기서 산 것으로 보이는 목걸이를 보여준다. 혼난 건 혼난 거고 자랑하고 싶은 건 다른 거다. 음….

뭔가를 물으면 자기가 아니라 다른 친구의 핑계를 댄다. 그러면 덜 혼날 것 같단다. 솔직하게 말하면 처벌을 면제하는 그런 방법이라도 고안해 봐야 겠다.

∿∿∿

가정통신문 보물찾기를 했다. 오늘은 재활용 쓰레기통 밑에 숨겨놓았다.
어떡하지? 이거 못 찾으면 집에 못 가는데….

∿∿∿

치킨이 나왔는데도 앞니가 없어서 먹지를 못한다. 앞니 없는 1학년이 야무지게 닭 다리를 먹는 모습을 보면 없던 기운이 되살아난다. 그렇지!

∿∿∿

학생 : 초코라 초코라 초코초코라라~
반에 새로운 유행이 돌고 있다. 종일 학교에서 듣다 보면 집에 가는 길에 나도 모르게 혼자 따라 하고 있다

83일 차 친구를 도와주는 방법

쉬는 시간 끝나고 교실 문으로 들어오는 데 내 옆으로 휙 들어오는 학생이 있다. 뭐야 이건 하고 내려다봤더니 씩 웃으며 '선생님이랑 동시에 들어오기'란다. 녀석 참!

∿∿∿

많은 부분에서 조금씩 성장하고 있다.
꽃이 피는 모습을 바라보노라면, 언제 폈는지 모르게 폈다 졌다 하는데 학생의 성장이 딱 그렇다. 매일 보는 나도 한두 달 전의 모습과 비교하면 너무 많이 변해서 놀랄 때가 있다.

∿∿∿

"내가 알려줄까?"라는 말이 너무나 자연스럽게 나오는 아름다운 우리 반.

∿∿∿

친구의 뺄셈 학습을 돕는 방법을 가르쳤다. 손가락셈을 도와주는 셈인데, 이른바 한 명이 계산기가 되는 식이다.
하지만 의욕이 넘쳐 경쟁상대인 다른 친구 시험지를 가려버리거나, 손가락으로 덮어버리는 일이 종종 발생한다.

∿∿∿

수업 시간에 친구랑 같이 화장실을 가는 경우가 생긴다. 이번에는 아예 손 꼭 붙잡고 와서 같이 보내달란다.

여학생들이 화장실 가는 빈도가 훨씬 늘고 있다. 점심시간에 선생님들과 의견을 나눈 결과 여학생은 친구가 가면 당연히 같이 가고 싶어 한다고 한다. 그래서 A는 B랑 가고, B는 또 C랑 가고 하니까 당연히 여학생이 자주 가는 것이라는 결론이 제법 설득력이 있다.

화장실은 왜 같이 가려는 걸까요?
이 사진을 보니 복도가 어두워서 무섭게 보이긴 하는군요.

84일 차 탈모르파티

학생 : 선생님, 남자현(가명)이 문방구 갔다 왔어요.

지난번에 문방구에 갔다가 40분 넘게 지각해서 혼난 학생이다. 무엇 때문에 혼났는지를 까먹은 듯하다. 그런데 자현이는 벌써 울먹울먹하는 모습이다.

~~~

학생 : 저기 엄마가 실내화 가방 들고 있어요.

나 : 갔다 오세요.

(잠시 후)

학생 : 있었는데 없어요.

나 : 전화해 보세요.

학생 : 전화기 없어요.

나 : 정문까지 나가보세요.

다행히 엄마는 잠시 후 다시 오셨다.

~~~

어제 친구를 계산기로 쓴 이후 뺄셈 계산이 익숙해지는 것이 눈에 보여 무척 흡족하다.

~~~

오늘 드디어 패드가 다시 작동한다. 학생들이랑 볼륨조절, 음악 틀고 끄기, 카메라 셀카 찍었다가 지우기, 카메라 스티커 만들기 등을 해봤다.
~~~

특히, 카메라로 찍은 것은 반드시 지워야 한다고 강조했다. 이런 습관들은 나중에 할리우드 스타(?)가 되면 크게 고마워할 거다.

어떤 학생들은 예쁘게 사진을 찍으려고 갖은 포즈와 표정을 짓는다. 이런 포즈들은 언제 어디서 무엇을 보고 배운 것일까?

갑자기 여학생들이 모여 수군대더니 쉬는 시간에 탈모르파티[29]에 맞춰서 공연한단다. 허허….

사진을 찍은 후 꾸미고 지우는 방법도 배웁니다.

29) 트위치 스트리머인 갱복치가 김연자의 〈아모르파티〉를 개사하여 패러디한 노래입니다.

85일 차 오랜만의 등교

등교하자마자 화장실을 가겠단다. 보내줬다. 근데 풀이 죽어 걸어가는 뒷모습이 안쓰러워 따라갔다. 우리 집 강아지가 너무 불쌍하다고 운다. 죽거나 다친건 아니란다. 뭘까?

허니보드[30)]를 이용한 분류하기 수업을 했다. 친구에게 하고 싶은 말을 쓰고 붙인 다음에 분류한다. 고마워, 사랑해, 인사, 너희 집이 어디니 등이 나왔다.

선생님 몰래 화장실에서 유튜브 봤다고 말하면서 운다. 유튜브에 대해 이야기를 나눈 것도 아니고 친구가 이른 것도 아닌데 갑자기 말한 것이다. 죄책감은 어디서 기인할까?

지각한 학생이 조용한 교실에 들어오면서 큰 소리로 인사한다. 인사를 하지 않으면 큰일나는 줄 안다. 우선순위가 바뀌어 있다. 하지만 다들 조용한 가운데서도 "효도하겠습니다."를 큰 소리로 꼭 외쳐야 하는 그 모습이 너무나 아름답다. 약속은 약속이니까.

30) 칠판에 붙일 수 있게 고안된, 포스트잇과 비슷한 교구입니다.

∿∿∿

오랫동안 질병으로 장기 결석한 학생이 머리에 무스를 바르고 나타났다. 머리에 무스를 발라서 보낸 부모님의 마음이 느껴져 가슴이 아프다. 그 학생이 어색해하지 않도록 지나친 배려도 지나친 관심도 아닌 최대한 자연스럽게 활동을 같이할 수 있도록 했다.

∿∿∿

학생 : 선생님, 저 약 먹어서 졸릴 수 있어요.
나 : 음, 그럼 1교시에 게임할 건데 어떻게 할래?
학생 : 참고 해볼래요.

∿∿∿

빙고 게임을 몇 판 하고 나니, ㅂ 모양, ㅋ 모양도 나오고 놓친 빙고줄도 센다. 오오~!
1부터 100까지 사이의 수로 5×5 빙고를 했다. 빙고가 끝나고 한 학생이 게임의 여운을 잔뜩 품고 말한다.
학생 : 저는 94 덕분에 빙고가 되었어요!
아마 이 학생에게는 94가 평생 행운의 수가 되지 않을까?
그래, 수를 공감각적으로 이해하는 능력이 아주 좋다. 다들 소수에서는 신맛이 나지 않은가? 50에서는 가슴이 설레고. 7은 왠지 기분이 좋고….

86일 차 또래 재판

신비한 암호문 찾기를 했다.
나 : 다 하면 부르세요. 선생님이 뛰어갈게요.
학생 : 기차처럼요?
으…응? 기대에 부응하기 위해서 기적소리라도 내야 할까?

∿∿

세 학생이 또 싸워서 또래 재판을 열었다. 한 사람당 변호사를 6명씩 붙여주는 화려한 변호인단이다. 서기변호사, 발표변호사도 있다. 이 정도면 대형 로펌의 변호를 받는 것처럼 든든할 테지….

∿∿

처음에만 조금 재밌어하다가 안타깝게도 곧 흥미를 잃어버린다.
사과문 작성 단계부터는 진도를 나가지 못한다. 판결을 내린 아이도 잘못을 저지른 아이도 판결이 주는 책임감에 혼란에 빠진다.
어찌어찌 해결했고, 오늘은 내가 판사를 했지만 다음부터는 학생들이 해야 한다고 말해주었다. 오늘 최고로 멋졌고 잘했다고 해주니 다 운다.
억울한 사람을 도와주는 역할이라서 멋지다고 생각할 줄 알았는데…. 음, 다들 반응이 생각보다는… 좀 그렇다.

87일 차 그냥 눈물이 나요

하늘에 빵꾸가 뚫렸나 비가 왜 이렇게 내리지 라고 했더니 다들 좋아한다.

∿∿∿

오늘도 어김없이 씨름을 하자며 달려드는 한 학생을 집어 들고 빙빙 돌려줬는데, 갑자기 20명이서 나를 들자는 도전을 한다. 훗~!

∿∿∿

점심시간에 신나게 놀아서 땀범벅이 되어있는 애들이 왜 이렇게 웃기지?

∿∿∿

잘 먹는 학생에게 급식우수아 표창장을 준 적이 있다. 따로 불러내서 표창이나 상을 몰래 줬는데, 공개적으로 줘야 할 필요도 있는 것 같다. 하지만 자랑이라는 것은 기본적으로 경쟁을 부추긴다고 생각한다. 경쟁은 유사 놀이의 세계에서 나타나지 않는다. 경쟁하기 시작하면 너무 힘들다.

∿∿∿

한 학생이 조용히 혼자 울고 있다.
나 : 아프면 안 돼. 왜 울어?
학생 : 모르겠어요. 그냥 자꾸 눈물이 나요.

안아주었다. 그래도 운다. 슬프게도 난 해결해줄 수 있는 것이 없다.

이제 보물(가정통신문)을 학생들이 숨기게 해봤다. 무척 즐거워한다. 하지만 연기가 영 서툴다. 조금 더 지도해 봐야겠다.

보물 숨긴 곳을 못 찾게 방해하라고 했더니, 다 보물 옆에 가 있다. 방해하라는 것이 몸으로 막으라는 뜻으로 들렸나 보다.

빙고 놀이를 하는데 역시 어제 어려운 건 오늘 쉬워진다. 이런 작은 성취와 발전이 거듭되다가 학생들이 혼자 풀기 어려운 문제로 막힐 때, 이 기억을 떠올리며 뚫고 나갈 힘을 이들에게 주소서.

나 : 다 먹은 주스 병은 교실 뒤에 놓으세요. (분리수거 상자를 말했음)

(잠시 후)

나 : 왜 한 줄로 서 있지?

88일 차 시크한 학생

학생 : 난 아빠랑 절교했는데….

유난히 시크한 학생이 있다. 학생 가정 조사표를 봤는데 나이 차이가 많이 나는 언니의 영향으로 그러나 싶었다. 아침에 그 학생이 언니와 함께 등교하는 장면을 보았다.

언니 : 기옥(가명)아, 언니 안아주고 가~

기옥 : ….

말없이 언니를 물끄러미 바라본다.

언니가 안아주고 가라는데 시크하게 성큼성큼 가버린다. 그냥 시크한 거였나?

학생 : 선생님, 오늘 그거 안 들고 왔어요.

나 : 그게 뭔데?

손을 머리 높이로 팔랑팔랑 흔든다.

실내화 가방이구나!

계단을 오르기 전 "천천히 갈 거예요."라고 말하는 나는 이제 1학년 교사가 다 되었나 보다. 평소 걸음으로 앞서가면 못 따라올 게 분명하니….

작년까지만 해도 따로 가서 "거기서 만나자."하고 먼저 갔었는데….

보름달을 보면서 소원을 빌었냐고 물어보았다. 요즘 아파서 자리를 비운 학생들이 종종 있다. 선생님은 무슨 소원 빌었는지 맞춰보라고 했다. 우리 건강해지라는 소원을 빌었을 거란다. 정답이다. 어떻게 안거지?

돼지 열병 이야기를 했는데 너무 슬퍼한다. 돼지고기를 못 먹느냐며…. "캠핑에는 역시 돼지고기지!", "돼지갈비지!", "소고기지!" 어느새 교실에는 고대 그리스처럼 토론장이 열렸다.

"돼지가 열병에 걸리면 바로바로 물을 뿌려줘야 하지 않을까요?"라고 한다. 좋은 생각이라고 해주었다.

주말에 간 곳 쓰기. '댄연도….'
'백령도'였다.

89일 차 시계는 계속 돈다

사물함에 있는 물건을 정말 못 찾는데. 구석에 물건이 있으면 찾다가 말기를 반복한다. 분해해서 재구성하는 능력이 없어서 그런 걸까? 교사가 학생들의 행동을 똑같이 재연하면서 못 찾겠다고 하니 자기들도 답답해서 미치겠다고 한다. 응, 앞으론 좀 덜 답답하게 해주라.

드디어 가정통신문 보물찾기에서 작전을 짜기 시작했다. 그런데… 왜 자기 가방은 안 뒤져보는 것이냐?

학생 : 여자들은 사물함 찾을게. 남자들은 좀 어려운 데 찾아!
나름의 분업이 이루어지고 있다.

없으면 머리를 가방 안에 넣고 찾아본다. 가방 안에 머리가 쏙 들어가는 것도 신기하다. 뭐가 달라지겠냐만은…. 그래도 기특하다.

학생 : 선생님이 가도 저 시계는 계속 돌아요?
나 : 응!

90일 차 **사과 편지 쓰기**

예순, 일흔을 가르쳤다. 이걸 한 달 동안 배울 거라고 했더니 "한 달씩이나요?"라고 한다. 응, 한 달 해야 해.

학생 : 선생님은 왜 손 안 씻어요?
너희들 안 보는 데서 다 씻고 있단다. 오늘은 깜빡한 게 맞지만.

급식으로 초코우유가 나온다. 밥 먹고 나서 자기가 마신 것은 자기가 버려야 된다고 했다. 자기 것을 자기가 안 치우면 가면 누가 치우느냐고 물어봤더니 해맑게 "선생님이요."란다. 뭐라고?!

비밀 모둠장을 뽑았다. 남을 직접 도와주기보다는, 도와줄 사람을 연결해주라는 임무를 주었다. 결의에 가득 찬 눈빛이 제법 믿음직스럽다.

쉬는 시간이 되면 여학생은 삼삼오오 모여 춤을 추고 남학생은 무엇인가를 만든다. 이 역할은 깨지지 않는다. 허허~

사과 모양 포스트잇에 사과 편지 쓰기를 했다. 가장자리에 색칠을 하라고 했더니, 친구에게 무슨 색을 좋아하냐고 묻는다. 어른보다 낫다.

학생 : 너 나랑 얼마나 많이 싸웠는데 사과 편지를 안 쓸 수가 있어?
그 말이 나오길래 몰래 불러서 편지를 쓰게 했다.
사실 문장으로 사과한다는 게 얼마나 대단한 일인가! 이 일곱 살들에게!

나 : 수학익힘 책은 수학책을 삶으면 되는 거예요.
아무도 이해를 못 한다. "진짜요?"를 묻고 있다. 너무 슬프다.

학생 : 선생님, 리본 묶을 줄 알아요?
묻는 모양이 제법 조심스럽다. 지난번에 머리 못 묶어 준다고 해서 그런가 보다.

과일 빙고를 했다. 생각보다 유창성[31)]이 뛰어나다. 아보카도, 애플 망고, 산딸기, 라즈베리, 애플수박, 홍시, 감… 같은 것도 섞여 있다.

아프리카 돼지 열병으로 화재 대피 훈련이 취소되었다. 학생들에게 설명했다.
아프리카에서 발생한, 돼지가 걸리는 열나는 병을 설명하는데 '아프리카, 돼지, 열병'이라는 키워드를 각각 5분씩 설명했다. 한 5번씩 질문도 했다. 아주 좋아한다.

---

31) 창의성의 한 종류로, 여러 가지의 시각이나 해결 방안이 많이 떠오르는 능력을 말합니다.

전염, 잠복기, 불치병에 관해서도 설명했다.

나 : 병에 걸리면 어떻게 해요?

학생 : 약 먹어요.

나 : 약도 안 되면요?

학생 : 수술해요.

나 : 그래도 안 되면요?

학생 : 자살해야 해요.

헉!

사과 모양 포스트잇에 사과 편지 쓰기를 합니다.

91일 차 섹시한 척 하지 마

교육청에 제출할 서류가 있어서 아침 일찍 학교에 왔다. 가방을 놓고 컴퓨터를 켜두고 한참을 교무실에 있다 8시 40분쯤 교실에 왔다. 교실로 오니 선생님이 학교에 지금 온 건지 아까 왔는지로 토의하고 있다.

몇몇 학생들이 창밖을 내다보며 걸어오는 다른 아이들을 관찰하며 "나랑 똑같은 가방이다.", 나랑 같은 실내화다." 같은 이런저런 대화를 나눈다. 아주 귀엽다.

교실에서 교문 밖을 내다보고 이런저런 이야기를 한다.

학생 1 : 와! 신호등에 사람들 진짜~ 많다.

학생 2 : 내가 마중 나가야겠다.

학생 1 : 한 30분쯤 되면 사람들 더 많아질 걸?

학생 2 : 맞아.

모둠 간의 경쟁은 재미있게 하는데, 개인 간의 경쟁은 부담스러워한다. 친구랑 경쟁하는 것이 뭔가 불편하다고 생각하나보다. 귀엽네.

학생 : 섹시한 척 하지 마! 너한텐 안 어울려.

실제로 한 말….

92일 차 문답의 무한 루프

모둠장을 바꾸려고 모둠장 회의를 열었다. 사실 내가 염두에 둔 학생이 있지만, 학생들에게 친구들보다 배움이 빠르고, 적극적으로 다른 친구를 도와줄 수 있는 학생이 누군지 물어보았다.
그중 아니다 싶은 친구를 끝까지 추천한다. 장난기는 많지만 잘할 것 같다는 변호도 한다. 그러는 사이 나도 생각이 바뀌었다.

알림장이 없어요. → 어떻게 해야 해요?
→ 종합장에 쓰면 돼요. → 종합장은 어떻게 할래요?
→ 학교에 두고 갈래요. → 알림장은 원래 어떻게 하는 거죠?
→ 집에 들고 가요. → 알림장이 없으면 알림장을 어디에 써요?
→ 종합장에 써요. → 종합장은 어떻게 할래요?
→ 학교에 두고 갈래요. → 종합장에 뭘 썼어요?
→ 알림장이요. 알림장은 어떻게 해요? → 집에 들고 가요.
→ 종합장은 어떻게 할래요? → 학교에 두고 갈래요.
흑흑….

거울로 빛 반사를 해서 천장에 쏴줬더니 다들 쫓아다니며 즐거워한다. 고양이…인가?

93일 차 상자로 만든 집

커다란 상자로 집을 만들어주었다. 고양이…와 같은 동물 본성이 살아나는지 너도나도 박스 안에 들어가려고 한다.

∿∿∿

오늘 반찬이 맛있다는 걸 '먹방 찍어야겠다.'로 표현을 한다.

∿∿∿

늦게 끝나는 모둠에서 다른 친구를 계속 도와주느라 스트레스받는 아이가 있다. 그런 것 때문에 힘들었겠다고 위로했더니 눈물을 흘린다. 모둠 과제를 빨리 끝내는 모둠으로 휴가를 보냈고, 3일 후에 소감을 듣기로 했다.

∿∿∿

싫은 것을 꾹 참고 해야 하는 이유를 말하라고 했더니 커서 거지가 된단다.

∿∿∿

〈브롤스타즈〉[32]라는 게임의 스티커를 조심스럽게 서로 보여준다. 내가 오면 숨기더라. 왜 그럴까? 유치원 선생님한테 혼난 적이 있다고 한다. 흠, 나는 그냥 보여달라고 했다. 같이 보자고….

---

32) 슈퍼셀에서 만든 모바일 슈팅 게임입니다.

94일 차 떨어지는 꿈

학생 1 : 친구끼리 뽀뽀하면 어떡해.

학생 2 : 전생에 외국에서 태어난 인간들이야!

하하. 도대체 저런 표현은 어디서 익힌 걸까?

학생 : 한 번만 보여 줘 봐. 비밀로 해줄게.

저 말에 얼마나 신뢰성이 있는지는 모르겠다. 뭐 숨기는 사람도 열심히 숨기는 건 아니니 된 건가?

학생 : 선생님, 떨어지는 꿈꾸면 키 커진대요.

나 : 진짜?

학생 : 놀라서 근육이 커진대요.

나도 떨어지는 꿈 많이 꿨었는데….

오늘 제일 재밌었던 일을 쓰라고 하니 여자 피하기란다. 술래잡기에서 여자친구들을 피해서 도망 다닌 것을 말하는 거다. 그게 재밌긴 한데…. 그렇게 표현하니까 뭐가 좀….

친구에게 돌을 던진 학생이 있다. 혼날까 봐 말을 안 했다고 했다. 그래도 다른 친구가 일러(?)줘서 따로 불러 이야기 해보았다. 나를 보자마자 자기도 다쳤단다. 실제론 안 다쳤다. 왜 그런 말을 했냐고 하니 말을 못 한다. 덜 혼날 것 같냐고 하니 그랬단다. 친구가 눈을 많이 다쳤을 것 같다고 하니 슬프단다.

친구들한테 알릴까 말까를 물어봤더니 알리긴 해야 하는데 조금만 알렸으면 좋겠단다. 다 알리면 자기가 너무 부끄러울 것 같고, 조금 알리면 마리아(가명, 돌 맞은 애)가 너무 속상할 것 같다고 한다. 양심이란 게 어떻게 생겨나서 어떻게 되는 건지 참….

급식판 그리기를 했습니다. 좋아하는 음식에 대한 기호가 드러납니다.

95일 차 **편지쓰기의 효과**

반 학생들이 모여 마리아(가명, 어제 친구가 던진 돌에 맞아 눈을 다친 학생)에게 롤링 페이퍼(rolling paper)[33)]를 쓰는 중에 마리아가 와 버렸다. 그래서 학생들에게 쓰던 것을 멈추고 직접 말로 하라고 말해 주었다. 그중에 마리아를 다치게 한 학생은 집에서 써온 편지를 줬는데 마리아도 기분이 좋단다. 앞으로 편지 쓰기를 해봐야겠다.

"옛날처럼 해요?"라는 말을 상당히 많이 사용한다. 니들에게 옛날은 언제를 말하는거니?

학생 : 교실에 우리 네 명, 아니 선생님까지 다섯 명이야.
선생님도 포함해줘서 고마워.

팀 게임에서 져도 좋아하는 학생이 있어 승부욕을 불태우려고 '항상 이기는 블루팀 대 항상 지는 레드팀'이라는 표현을 썼다. 그래도 변함이 없다.
좀 부끄러웠다. 경쟁을 가르친 교사를 이상하게 쳐다본다는 인디언 아이 이야기가 떠오른다.

---

30) 여러 사람이 돌려 가며 쓴 편지를 말합니다.

멍하니 있는 학생은 없다. 멍하니 있어도 나름 무언가 생각을 하고 있다. 물어보면 말해준다.

수업을 40분까지 마치겠다고 했을 때 나오는 반응이 다양하다.
학생들 : 이건 시간이 많이 부족한 것 같은데…. / 실제로 시간은 10분 남았어. / 그냥 빨리하는 게 중요해. 시간 세지 말고 하자.

왜 학교에 와야 하는지 물어보는 학생이 있었다.
수학, 글자 공부는 집에서도 할 수 있지만, 여럿이 모여 이야기를 나누거나 다양한 활동을 함께 하는 것은 학교에서만 할 수 있다고 말해주었다. 학교에 와야 하는 이유에 대한 대답이 이 정도면 될까?

나 : (나가려는 아이를 붙잡으며) 얘들아, 잠깐만!
학생 : 왜요?
너무나 천연덕스러운 눈빛에 잠시 할 말을 잃었다.

96일 차 여름방학

학생 : 계산요!

책 빌리러 온 학생이 말한다.

나 : 뭐라고?

자기도 머쓱한지 배시시 웃는다.

생각 좀 해보자고 하니까 모두 책상에 팔을 괴고 머리에 양손을 얹는다. 이게 뭐지?

백설기에 꽃장식을 얹은 떡을 만들고 있다. 찰떡을 꽃모양으로 빚으려면 집중력이 필요하다. 눈을 빛내며 떡을 열심히 만드는데, 그 모습이 너무나 귀엽다. 고사리손으로 오물쪼물….

남인수의 '이별의 부산정거장'을 학예회 때 독창하겠단다. 시켜보니 심지어 잘한다.

옆 돌기, 레고 만들기 등 하려고 하는 게 참 다양하다. 고학년에게 학예회는 얼른 끝내야 하는 숙제 같은 것이라면 1학년의 학예회는 가족들에게 보여주었던 것을 친구와 선생님 앞에서 하는 즐거운 행사이다.

학생들에게 무거운 쓰레기 버리기 심부름을 시켰다. 절대 혼자서는 들 수 없는 약 20~30kg의 양을 어떻게 버릴까? 안전하게 버릴 것, 모두 힘을 합칠 것을 조건으로 내새웠다.

하여튼 학생들은 쓰레기를 버리러 갔다. 그 사이에 나는 재빨리 선물을 사물함에 넣고 사탕을 책상 위에 놓은 뒤 문을 걸어 잠그고 밖으로 나갔다.

학부모와 통화하는 척을 하면서 학생들을 기다렸다. 교실에 들어오니 선물 대잔치. 학생들은 "선생님이 놓았죠?"하면서 의심하지만, 아니라고 극구 부인했다.

안돼요, 싫어요, 도와주세요. 역할극, 상황극, 눈 감고 말하기까지 해봤다. 장난같이 받아들이지 않았으면 해서 진짜 크게 소리지르고 밀치거나 세게 뿌리치는 것까지 연습했다.

이제부터 여름방학이다. 방학하기 싫은 학생도 교사도 없다. 짧은 방학이지만 그 사이에 얼마나 성장할까 기대도 된다. 부디 몸 건강하게 아무 일 없이 재미만 잔뜩 쌓아서 오길.

여름방학 끝나고 건강하게 다시 만나자~!

분리수거 상자가 어떤 거냐고 묻던 1학년 학생들과 TV프로그램 〈체험 삶의 현장〉을 찍어봤습니다.